단위와 측정

속담 속에 숨은 수학 단위와 측정

초판 발행 2012년 12월 20일
17쇄 발행 2025년 7월 8일

지은이 송은영
그린이 최현묵
펴낸이 김기옥
펴낸곳 봄나무
아동본부장 박재성
영업 서지운
지원 고광현 김형식
등록 제313-2004-50호(2004년 2월 25일)
주소 121-839 서울시 마포구 서교동 392-34 강원빌딩 5층
전화 (02) 325-6694 **팩스** (02) 707-0198
이메일 info@hansmedia.com

도서주문 한즈미디어(주)
주소 121-839 서울시 마포구 서교동 392-34 강원빌딩 5층
전화 (02) 707-0337 **팩스** (02) 707-0198

ⓒ 봄나무 2012
ISBN 978-89-92026-91-8 73410

- 이 책 내용의 일부 또는 전부를 사용하려면 반드시 저작권자와 봄나무 양측의 동의를 얻어야 합니다.
- 이 책에 실린 사진 일부는 저작권자를 찾지 못한 채 쓰였습니다. 뒤에 연락해 주시면 합당한 사용료를 드리겠습니다.
- 책값은 뒤표지에 있습니다.

사진자료제공
p38　http://www.flickr.com/photos/la_bretagne_a_paris/7711318734/in/photostream ⓒ Yann Caradec
p91　http://www.flickr.com/photos/31009423@N04/4563437704/sizes/l/in/photostream/ ⓒ OceanaWavemaker
p110　http://www.cha.go.kr/korea/heritage/search/Culresult_Db_View.jsp?mc=NS_04_03_02&VdkVgwKey=12,08420000,11(문화재청 홈페이지)

속담 속에 숨은 수학

단위와 측정

송은영 지음 | 최현묵 그림

봄나무
Bomnamu Publishers

속담 속에 수학이 쏙쏙 숨어 있어요

우리 속담에는 선조들이 오랜 세월 깨닫고 느껴 온 지혜와 해학이 담겨 있습니다. 재치 가득한 속담을 가만 들여다보면 그 안에 숨 쉬고 있는 우리 역사와 문화, 철학을 발견하고 감탄하게 되지요.

그런데 속담 속에 숨은 건 이것만이 아닙니다. 농경 사회를 산 우리 선조들은 논밭의 길이를 재고, 곡식의 부피와 무게를 달면서 단위가 얼마나 필요하고 중요한지를 몸소 느꼈습니다. 그런 필요에 맞추어 단위와 측정의 기술도 점점 변화하고 발전해 왔지요. 속담 속에는 이러한 '세고 재고 다는 것'과 관련된 재미있는 이야기들이 가득 담겨 있습니다. 속담을 곰곰 들여다보면, 우리 선조들이 지혜로 빚어낸 수학의 알맹이들을 쏙쏙 뽑아내 맛있게 소화할 수 있지요. 교과서와 문제집에만 갇혀 있는 줄 알았던 수학이 우리 입에 착착 달라붙는, 생생하고 재미있는 속담 속에도 숨어 있다니, 설레는 일이 아닌가요?

수학 중에서도 도량형, 즉 길이와 부피와 넓이를 측정해 온 역사는 아주 깊습니다. 도량형은 복잡하고 알쏭달쏭한 이 세상의 원리를 수학의 눈으로 단순하고 명쾌하게 이해하도록 하는, 아주 중요한 도구이거든요. 머나먼 우주도 '광년'이라는 단위로 설명할 수 있고, 서로 다르게 느끼는 시간의 흐름도 시간의 단위로 간단히 표현하고 약속할 수 있는 것처럼 말이지요.

이처럼 단위와 측정의 힘이 대단하다 보니 사람들은 기원전부터 서로 다른 단위 때문에 다투기도 하고, 복잡한 측정 방법을 하나로 통일하려고 노력해 왔습니다. '조밥에도 큰 덩이 작은 덩이가 있다.', '내 코가 석 자', '천 리 길도 한 걸음부터', '벼룩의 등에 육간대청을 짓겠다.' 같은 속담을 공부하면, 우리 선조들이 논과 밭의 크기를 재기 위해 사용한 길이 단위라든가, 벼와 보리 같은 곡식을 교환하기 위해 이용한 부피와 무게 단위 같은 것들을 배울 수 있습니다. 이런 도량형을 배우며 우리 선조들이 어떤 환경에서 무슨 고민을 했고, 수학을 얼마나 현명히 사용했는지 알 수 있지요.

선조들이 지혜를 담아 사용했던 도량형은 오늘날 우리 삶 속에 고스란히 배어 있고, 지금 우리가 쓰는 미터법과도 연결되어 있습니다. 즉 '속담 속에 숨은 수학'을 배우는 것은 우리의 역사와 문화를 배우고 수학과 과학도 배우는 길입니다. 그야말로 꿩 먹고 알 먹고, 누이 좋고 매부 좋고, 도랑 치고 가재 잡는 일이지요? 여러분도 이 책에서 속담 속 수학을 배우며 일거양득 아니, 일거다득하기를 바랍니다.

— 일산에서, 송은영

차례

머리글 • 4

조밥에도 큰 덩이 작은 덩이가 있다 도량형 이야기 • 9

내 코가 석 자 길이 단위 • 24

천 리 길도 한 걸음부터 거리 단위 • 52

벼룩의 등에 육간대청을 짓겠다 넓이 단위 • 66

되로 주고 말로 받는다 부피 단위 • 80

남아일언 중천금 무게 단위 • 96

백 년을 다 살아야 삼만 육천 일 시간 단위 • 117

책 속에 숨은 단위 바꾸기 • 142 | 참고 자료 • 146

조밥에도 큰 덩이 작은 덩이가 있다

도랑형 이야기

점심 얘기 한번 해 볼까요? 요즘은 학교에서 급식을 하지만, 제가 초등학교에 다닐 적에는 집에서 저마다 도시락을 싸 왔어요. 어떤 친구는 쌀밥에 계란이나 소시지 반찬, 어떤 친구는 꽁보리밥에 김치나 무말랭이 반찬을 싸 왔지요. 지금은 김치나 채소 반찬도 건강식이라면서 대접받고, 피자며 돈가스며 먹을거리가 넘쳐나지만, 1970년대만 해도 계란이나 소시지만큼 맛나고 인기 많은 반찬도 없었어요.

그 시절 점심시간을 떠올리면 웃지 못할 추억도 함께 떠올라요. 그때는 선생님한테 매일 도시락을 검사받아야 했거든요. 밥에 보리가 섞여 있어야지, 흰쌀밥만 가득 싸 오면 선생님한테 혼쭐이 났어요. 그건 우리나라에 쌀이 부족했기 때문이에요. 나라에서는 부족한 쌀을 절약하기 위해 '밥을 지을 때 보리를 5~15퍼센트가량 섞으면 건강에 좋다.'라며 혼식을 장려했어요.

그 시절의 아린 기억 때문일까요? 저는 지금도 흰쌀밥을 무척이나 좋아해요. 김이 모락모락 나는 흰쌀밥은 다른 반찬 없이 간장이나 고추장에만 비벼 먹어도 맛나지요. 물론 건강에는 흰쌀밥보다 잡곡밥이 더 좋다고 하니 편식을 해서는 안 되겠지만요.

 크고 작다는 건 무슨 뜻일까?

그런데 여러분은 쌀에도 두 가지 종류가 있다는 걸 아나요? 쌀에는 멥쌀과 찹쌀이 있어요. 멥쌀은 찰기가 적은 쌀, 찹쌀은 찰기가 많은 쌀이에요. 밥을 지을 때 흔히 사용하는 쌀이 멥쌀인데, 여기에 다른 곡식을 섞으면 잡곡밥이 되지요. 곡식에는 밀, 콩, 팥, 옥수수, 기장, 조 등 여러 종류가 있어요. 자그마한 것을 비유해서 '좁쌀만 하다.'라고 말하는데, 이때 말하는 좁쌀이 바로 조예요.

조와 쌀을 섞으면 조밥이 돼요. 조밥을 짓는데 밥알의 개수를 1000개로 맞춰야 한다고 생각해 보세요. 만약 자그마한 조를 990알 넣고 쌀은 10알만 넣으면, 그 조밥은 덩이가 아주 작겠죠? 반면 조를 10알

넣고 쌀을 990알 넣으면 그 조밥은 덩이가 클 거예요. 이처럼 조밥에도 큰 덩이와 작은 덩이가 있어요. 한 반에 키 큰 학생이 있는가 하면 키 작은 학생이 있고, 몸집이 큰 아이가 있는가 하면 몸집이 작은 아이도 있는 것처럼요. 이처럼 큰 것이 있으면 작은 것도 있다는 뜻으로 '조밥에도 큰 덩이 작은 덩이가 있다.'라는 속담을 써요.

그런데 덩이라는 낱말에는 아주 다양한 뜻이 담겨 있어요. 엿가락은 길쭉해서, 백과사전은 두툼해서, 풍선은 가벼워도 크기는 커서 덩이가 크다고 말할 수 있으니까요. 덩이가 크다는 게 길이 때문인지, 부피 때문인지, 무게 때문인지 확실하지 않아요. 덩이가 작다는 표현도 마찬가지예요. 바늘처럼 가늘어도, 클립처럼 짧아도 덩이가 작다고 말할 수 있으니까요. 쇠구슬은 어떤가요? 무게만 보면 묵직하니

무거운데 크기는 아주 조그맣잖아요.

 길이, 부피, 무게를 구분하지 않아서 생기는 이런 모호한 상황은 우리 생활 곳곳에서 아주 자주 벌어져요. 가령 어떤 건물이 엄청나게 크다고 할 때도 그게 높이가 높다는 뜻인지 넓이가 넓다는 뜻인지 분명하지 않아요.

 오래전 우리 선조들도 이런 애매한 상황을 자주 맞닥뜨렸을 거예요. 길이와 부피와 무게를 구분해야 할 필요성을 느끼면서, 도량형이 탄생했어요. 도량형에서 도(度)는 자로 길이를 잰다, 양(量)은 되로 부피를 잰다, 형(衡)은 저울로 무게를 단다는 뜻이에요.

도
자로 길이를 잰다

길이, 부피, 무게 단위가 필요해요

오랜 옛날 우리 선조들은 여러 곡식을 농사지어서 먹고 살았어요. 곡식은 귀한 식량이었어요. 때맞춰 씨를 뿌리고 정성껏 물과 거름을 주고 하루도 거르지 않는 노동을 해야만 얻을 수 있었으니까요. 비나 눈처럼 어느 날 하늘에서 떨어지기를 기대할 수도 없고, 사과나 배처럼 제철이 되면 저절로 열리는 것도 아니었지요. 선조들은 거친 땅을 논과 밭으로 일궈 열심히 농사를 지었어요.

어느 해, 한 마을에 살던 개똥이네가 조를 많이 수확했어요. 소똥이네는 멥쌀을, 말똥이네는 팥을 많이 수확하게 되었고요. 개똥이와 소똥이와 말똥이는 자기가 거둔 곡식 한 가지만 먹고 살 수도 있었지만, 여러 곡식을 섞어 먹으면 건강에도 이롭고 맛도 좋다는 사실을 알게 되었어요. 그래서 물물교환이 이루어졌지요.

처음에는 별문제 없이 물물교환이 이루어졌어요. 하지만 물물을 교환하는 사람이 많아지고, 이웃 마을까지 함께하게 되자 한바탕 소란이 일었어요.

"내가 이렇게나 많이 줬는데 당신은 왜 이것밖에 안 주는 거요!"

"아니, 나도 줄 만큼 줬건만 무슨 소리를 하는 거요?"

"당신 같은 사람이랑은 거래 못 하겠소! 내가 준 것 도로 돌려주시오!"

하루가 멀다 하고 불평불만이 쏟아지고 다툼이 벌어졌어요. 이를 해결하려면 서로 맞바꾸는 물물의 양을 정확히 정해야 했어요. '조 한 되를 주면 멥쌀은 두 되, 팥은 석 되를 받을 수 있다.'라는 식으로 말이에요. 부피 단위인 '되'가 정해지고 그 기준을 명확히 하자, 곡식을 바꾸면서 생기는 소란이 많이 줄었어요.

하지만 부피 단위를 정하는 것만으로는 부족했어요. 길이와 무게가 문제될 때도 있었거든요. 우리 선조들에게 홍수와 가뭄은 정말 크나큰 걱정거리였어요. 한 해 농사에 성공하려면 곡식이 자라는 데 필요한 물을 논밭에 잘 댈 수 있어야 했거든요. 하루는 마을 주민들이 둑을 쌓기 위해 커다란 돌을 하나씩 가지고 모이기로 했어요. 개똥이는 자기 얼굴만 한 돌을, 소똥이는 자기 팔뚝만 한 돌을, 말똥이는 자기 몸집만 한 돌을 낑낑 대며 들고 왔지요. 하지만 결국 둑을 쌓을 수는 없었어요. 저마다 가져온 돌의 모양과 크기가 너무 달랐기 때문이에요.

왜 이런 상황이 벌어졌을까요? '커다란 돌'이 구체적으로 얼마만 한 것인지 말하지 않았기 때문이에요. 옛사람들은 이런 문제를 고민하고 또 고민하면서 길이와 무게 단위도 정해야겠다고 생각했어요. 그래서 팔을 양옆으로 벌렸을 때 한쪽 손끝에서 다른 쪽 손끝까지를 길이 단위로 삼는다든가, 팥 한 되를 저울에 달아 그것을 무게 단위로 삼는 식으로 마을마다 편리한 단위를 만들어 이용했지요.

 ## 홍수에서 출발한 기하학

 길이와 부피와 무게의 단위가 정해지자 여러모로 생활이 편리했어요. 큰일이 벌어졌을 때도 도움이 되었고요. 가령 홍수가 난 뒤 피해를 복구하는 일이 한결 가뿐해졌어요. 홍수로 강물이 범람하면 논밭의 모양이 변해서, 어디까지가 내 땅이고 어디서부터는 남의 땅인지 경계가 불확실해져요. 하지만 홍수가 나기 전에 미리 논밭의 크기를 정확히 측정해 놓으면 농지를 되찾는 일도 어려울 게 없어요. 길이 단위 덕분에 선조들은 논밭의 크기를 미리 알아 둘 수 있었고, 피해도 잘 복구할 수 있었지요.

 이처럼 홍수로 말미암은 피해를 복구하는 과정에서 오늘날 우리가 배우는 기하학이 생겨났어요. 기하학이 처음 만들어진 곳은 이집트로 알려져 있어요. 이집트는 기후가 좋지 않은 국가예요. 국토 대부분이 햇볕이 쨍쨍 내리쬐는 사막 기후인 데다 수년 동안 비가 한 번도 내리지 않을 때도 있지요. 그나마 다행이라면, 생명줄 같은 나일 강이 흐르고 있다는 것이에요. 옛 이집트 사람들에게 나일 강은 신이 내려 준 축복이나 다름없었어요. 이집트 사람들은 강 주변에서 농사를 짓고 문화를 발전시켰어요. 그런데 강 주변에서는 늘 홍수가 걱정이었어요.

　아프리카에서 가장 긴 강인 나일 강이 범람하면, 이집트 곳곳에서 물난리가 일었어요. 농지가 강물에 휩쓸려 버려서 어디가 누구 땅인지를 알 수 없게 되어 버렸죠. 이집트인들은 홍수로 지워진 땅의 경계를 본래 모습대로 복원하려고 노력하면서 도형에 대한 지식을 축적하게 됐어요. 삼각형, 사각형, 오각형, 평행사변형 같은 도형을 연구하면서 기하학이 싹트고 성장했지요.

　영어로 기하학을 지오메트리(Geometry)라고 하는데, 이때 지오

(Geo)는 토지란 뜻이고 메트리(Metry)는 측량이란 뜻이에요. 기하학을 가리키는 영어 지오메트리는 '토지를 측량하다.'라는 뜻에서 나왔지요. 낱말 속에 기하학이 어떻게 탄생하고 발전했는지가 고스란히 담겨 있는 셈이에요.

도량형의 통일

마을마다 길이, 부피, 무게의 단위들이 생겨나 유용하게 쓰였지만, 얼마 안 있어 사람들은 새로운 문제에 부닥쳤어요. 원시시대에도 세금을 거뒀을까요? 아마 거둘 필요가 없었을 거예요. 그 시대에는 가족이나 부족끼리 모여서 함께 사냥하고 채집하며 사는 게 전부였으니까요. 하지만 가족이 모여 마을이 되고, 마을이 모여 도시가 되고, 도시가 모여 국가가 되면서 사정이 달라졌어요. 한 나라를 지배하는 왕은 백성들을 잘 돌봐야 했고, 나라 살림을 꾸리려 돈을 거두었어요.

그런데 예나 지금이나 세금을 거둘 때 아주 중요한 원칙이 하나 있어요. 그건 바로 공평하게 거둬야 한다는 원칙이에요. 그렇다면 공평하다는 것의 의미는 무엇일까요? 모두가 똑같은 돈을 내야 하는 걸까요? 아니에요. 부자와 가난한 사람이 똑같은 세금을 낸다면, 그게 오히려 불공평한 일이지요. 저마다 벌고 쓰는 수준에 맞추어 적절한 세금을 내는 세상이 공평한 사회예요.

공평하게 세금을 거두려면, 한 사람 또는 한 집안의 재산이 얼마이고 돈을 얼마만큼 버는지 똑똑히 알아야 해요. 농경 사회였던 옛날에는 논과 밭이 얼마나 넓고 곡식을 얼마나 수확했는지를 보고 세금을 결정했어요. 그런데 이때 마을마다 다른 단위를 쓴다면 어떨까요? 예를 들어 개똥이네와 삼식이네가 똑같이 조를 열 되 수확했다고 말하는데, 개똥이의 되가 삼식이 것보다 두 배 크다면요? 그러면 삼식이네가 개똥이네의 절반밖에 수확하지 못한 셈이에요. 이 둘에게 세금을 똑같이 내라고 하면 공평한 게 아니지요.

이런 부당한 일이 생기지 않도록 하려면 개똥이든 삼식이든 똑같은 되를 쓰도록 크기를 맞춰야 해요. 이렇게 서로 다르게 쓰이던 단위를 한 가지로 맞추는 일을 '도량형의 통일'이라고 해요. 동양에서 도량형의 통일을 최초로 해낸 사람은 중국의 진시황(기원전 259년~기원전 210년)이에요.

기원전 221년, 진시황은 여러 나라로 쪼개져 있던 중국을 통일해 진나라를 세웠어요. 진시황은 자신을 왕이라는 칭호 대신 시황제라고 불렀는데, 이는 최초의 황제라는 뜻이에요. 진시황은 고을마다 다르게 쓰이던 도량형을 모든 국민이 공통으로 이용할 수 있는 단위로

고쳤는데, 이때 길이의 단위는 척, 부피의 단위는 승, 무게의 단위는 관으로 했어요.

수레바퀴 간격과 문자를 통일한 진시황

진시황이 통일한 건 도량형만이 아니었어요. 수레바퀴의 간격도 통일했지요. 수레바퀴의 통일은 진시황의 여러 업적 중에서도 손꼽히는 일이에요. 수레바퀴 간격이 다른 게 얼마나 대수로운 문제이기

에 이 일이 그토록 대단하다는 걸까요?

 수레바퀴가 자주 지나다니는 길에는 홈이 깊이 파이는데, 앞서 지나간 바퀴가 남겨 놓은 홈을 따라 수레를 밀면 훨씬 빠르고 똑바르게 이동할 수가 있어요. 비 오고 난 다음 날에 수레를 민다고 생각해 보세요. 땅이 무르고 질퍽해서 수레가 잘 굴러가지 않을 거예요. 하지만 앞서 간 수레바퀴의 자국이 선명하고 깊게 패 있다면, 그 홈에 바퀴를 끼운 뒤 쉽게 밀 수 있겠지요.

 그런데 이 방법은 수레마다 바퀴 간격이 달라서는 써먹을 수가 없어요. 지하철이나 열차의 바퀴도 일정한 간격의 선로를 따라 잘 굴러

가기 때문에 속도가 빠르고 안전해요. 만약 바퀴가 선로에 맞지 않으면 빨리 달릴 수 없을 뿐 아니라 기차가 선로를 벗어나는 대형 사고도 빈번히 일어날 거예요.

진시황이 수레바퀴 간격을 통일하자 수레의 속도가 빨라졌고, 이 마을에서 저 마을로 이동할 때 바퀴 간격이 달라서 애먹을 일도 없어졌어요. 게다가 다른 나라의 침략에 대비하는 효과도 있었어요. 진나라의 수레는 빠르게 움직였지만, 다른 나라의 수레는 바퀴 간격이 달라 삐걱거리고 뒤처졌으니까요.

한편 진시황은 글자도 통일했어요. 진시황이 만든 글자는 훗날 한나라에 전해졌고, 한나라는 이를 '한나라의 글자'라는 뜻으로 한자(漢字)라고 불렀어요. 진나라가 오랫동안 중국을 지배했다면, 중국 글자를 아마 진자(秦字)라고 불렀을지도 모를 일이에요. 중국을 영어로 차이나(China)라고 하는데, 이것도 진나라의 '진(Chin)'에서 유래한 것이거든요.

서양에서 도량형의 통일을 이룬 나라는 로마제국이에요. 로마제국은 라틴 사람들이 테베레 강 가녘에 세운 작은 나라에서 출발했어요. 이들은 기원전 3세기에 이탈리아를 통일하고 세력을 넓혔어요. 기원전 2세기 초 무렵에는 지중해 지역을 거의 다 지배했고, 그 뒤 기원전 1세기 말까지 약 200년간 평화를 지속했지요. 그 무렵 로마제국은 상업과 무역이 활발했어요. 로마제국은 화폐를 통일하고 도로를 정비했을 뿐 아니라 지중해 곳곳에서 다르게 쓰이던 도량형도 하나로 통일했어요. 이는 훗날 영국의 단위계인 야드파운드법의 밑바탕이 되었어요.

내 코가 석 자

길이 단위

여러분, 만화 좋아하죠? 저도 무척이나 좋아해요. 제가 초등학교 다니던 1970년대에 텔레비전에서 피노키오라는 만화영화를 방영해 준 적이 있었어요. 피노키오는 착한 목수 제페토 할아버지가 정성스레 만든 나무 인형인데, 요정의 도움을 받아 사람처럼 말하고 행동했어요. 피노키오는 거짓말을 할 때면 코가 쑥 자랐어요. 당혹스러워하는 피노키오의 표정에 키득키득 웃어 대며 텔레비전 앞을 떠나지 못했던 기억이 아직도 생생해요.

만약 여러분이 피노키오처럼 코가 쑥쑥 커지고 있다면 어떻게 할 것 같나요? 만사를 제쳐 두고 코를 원래대로 작아지게 해야 할 거예요. 이런 상황에서는 다른 사람의 부탁이나 요청을 들어줄 짬이 하나도 없어요. 내가 곤경에 빠져 있으니 남의 처지를 생각할 겨를이 없는 거예요. 이처럼 내 사정이 너무도 다급해서 남의 사정을 봐줄 여유가 없을 때, '내 코가 석 자'라는 속담을 써요.

손을 사용한 도량형, 척관법

'자'라는 단위는 우리 선조들이 길이를 표시할 때 널리 썼던 단위예요. 지금은 길이를 표시할 때 어떤 단위를 쓰나요? 맞아요, 밀리미터(mm), 센티미터(cm), 미터(m), 킬로미터(km) 등을 사용해요. 이와 같은 단위 체계를 '미터법'이라고 해요. 미터법은 현재 도량형의 기준이 되는 세계 공통 단위 체계예요.

옛 단위인 자를 미터법으로 하면 얼마만큼의 길이일까요? 우리나라의 자는 중국 단위인 척(尺)과 같아요. 중국 문화권에 속했던 우리나라는 도량형도 중국으로부터 영향을 많이 받았거든요. 자와 척은 이름만 다를 뿐 똑같은 길이 단위이지요.

척은 상형문자예요. 한글의 가나다라, 영어의 ABCD 같은 문자가 생기기 훨씬 전에도 사람들은 글자를 만들어 사용했는데, 이때의 글자는 대부분 사물의 모양을 본떠 그림으로 그린 상형문자였어요. 한

자는 대표적인 상형문자이지요. 해를 표현한 날일(日), 달을 표현한 달월(月), 물을 표현한 물수(水), 강을 표현한 내천(川), 산을 표현한 뫼산(山), 손을 표현한 손수(手), 위를 표현한 위상(上), 아래를 표현한 아래하(下)처럼 획수가 적은 한자는 대부분 상형문자에 속해요.

고대 중국에서는 손을 펴서 물건을 재는 모습을 본떠 척(尺)이라는 글자를 만들었어요. 여기서 우리는 중요한 사실을 알 수 있어요. 옛날 옛적에는 손으로 길이를 쟀다는 거예요. 손이 요즘의 막대자 같은 역할을 한 셈이에요. 막대자나 줄자는 늘 지니고 다니기 어렵고 꼭 필

날일 日   달월 月   내천 川   뫼산 山

한 뼘   자척

요할 때 구하지 못할 수도 있지만, 우리 몸의 일부인 손은 언제 어디서든 필요할 때마다 유용한 도구로 쓸 수 있어요.

　이처럼 손을 사용한 도량형을 '척관법'이라고 해요. 다른 말로 척근법, 척간법이라고도 하고요. 요즘도 자가 없을 때는 손을 펴서 엄지에서 새끼손가락까지의 길이를 단위 삼아 한 뼘, 두 뼘, 세 뼘 하고 말해요. 이는 아직도 사용하고 있는 척관법의 좋은 예이지요.

발을 사용한 도량형, 야드파운드법

　동양에서 손을 이용한 척관법을 사용했다면, 서양에서는 발을 이용한 피트(feet)라는 단위를 사용했어요. 발 한 쪽을 영어로 풋(foot)이라고 하는데, 우리 발은 보통 두 개이니까 복수형인 피트(feet)로 써야 해요. 1피트는 30.48센티미터와 같아요.

　그러고 보니 1척은 30.3센티미터, 1피트는 30.48센티미터로 길이가 엇비슷하네요. 예전에는 오늘날과 달리 동서양의 왕래가 활발하지 못했는데, 서로 비슷한 길이 단위를 사용했다니 신기하지요? 그건 아마 두 단위계가 모두 사람의 몸을 기준으로 만들어졌기 때문일 거예요.

　· 서양에서 사람의 발을 측정에 널리 사용하기 시작한 건 고대 로마

시대 때부터였어요. 이러한 관습이 전해져 내려와 영국 엘리자베스 1세 여왕(1533년~1603년)이 도량형을 통일하는 밑바탕이 되었어요. 엘리자베스 1세 여왕이 통일한 도량형을 '야드파운드법'이라고 해요. 야드파운드법에 쓰이는 길이 단위로는 인치(inch), 피트, 야드(yard), 마일(mile) 등이 있는데, 이는 아직도 영국과 미국에서 널리 쓰이고 있어요. 하나씩 살펴볼까요?

인치는 피트의 12분의 1에 해당하는 단위예요. 고대 로마에서 성인 남자의 발 길이와 엄지손가락의 너비를 비교해 보았더니, 엄지손가

락을 열두 개 이어야 발 길이가 나왔다고 해요. 그래서 12인치가 모이면 1피트가 된다고 정했어요.

야드는 피트보다 큰 단위예요. 영국의 왕이었던 헨리 1세(1069년~1135년)가 엄지를 추어올리고 팔을 쭉 뻗었을 때 엄지부터 코까지의 길이를 야드로 정했어요. 1마일은 1760야드와 같은데, 미터법으로 환산하면 1.6킬로미터 정도이지요.

단위의 기준이 된 악기, 황종관

척관법과 야드파운드법에서처럼 우리 몸을 단위의 기준으로 삼으면 특별한 도구 없이도 측정을 할 수 있어서 편리해요. 하지만 이 방

● 야드파운드법의 길이 단위 체계 ●

1인치	1피트	1야드	1마일
(2.54cm)	=12인치	=3피트	=17600야드
	(30.48cm)	(91.44cm)	(약 1.6km)

법에는 큰 단점이 있어요. 사람마다 몸의 크기가 다르다는 거예요. 가령 척관법을 쓸 때 아이와 어른의 손 크기가 다르고, 같은 어른이라도 남자와 여자의 손 크기가 달라요. 사람마다 큰 손이 있고 작은 손이 있는데, 이렇게 다양한 손으로 길이를 재었다가는 똑같은 물건이라도 다 다르게 측정되겠죠?

그래서 옛사람들은 명확한 기준이 있는 단위를 만들려고 계속 노력했어요. 중국에서 황종관이라는 악기를 이용해 단위를 통일하려고 했던 것도 이런 노력 가운데 하나였어요. 반고(32년~92년)라는 역사가가 쓴 《한서》라는 책을 보면 "황종관을 기준으로 길이를 정한다."라는 내용이 나와요. 황종관은 오늘날의 피리와 비슷한 악기인데, 황종관 하나의 길이는 보통 크기의 기장 90알을 한 줄로 늘어놓은 것과 같았다고 해요. 그리하여 동양의 도량형은 황종관을 기본 도구로 삼고, 곡식인 기장을 보조 도구로 삼아 만들어지게 되었어요.

길이 단위인 푼은 기장 한 알의 폭을 기준으로 삼아 만들어졌어요. 10푼이 모이면 1촌(치), 10촌이 모이면 1척(자), 10척이 모이면 1장, 10장이 모이면 1인이 되었지요.

부피 단위는 황종관에 들어가는 기장 알의 개수를 기준으로 정했어요. 기장 알의 개수 1200톨이 부피 단위인 약이 되었지요. 2약은 1합(홉), 10합은 1승(되), 10승은 1두(말), 10두는 1곡(휘)과 같았어요.

　무게 단위도 황종관에 채워지는 기장의 무게를 기준으로 정했어요. 꽉 채운 기장의 무게를 12수라고 했고, 24수는 1냥, 16냥은 1근, 30근은 1균, 4균은 1석(섬)과 같았어요.

　황종관과 기장을 도구 삼아 만들어진 동양의 도량형은 서양의 야드파운드법보다도 더 뛰어난 수 체계를 보여 주고 있어요. 야드파운드법은 작은 단위와 큰 단위 사이에 몇 배씩 차이가 나는지 한눈에 들어오지 않지만, 황종관의 단위 체계는 대체로 10을 거듭제곱한 배수

●황종관의 단위 체계●

길이 단위

기장 한 알의 폭=1푼

| 1푼 | 1촌(치)=10푼 | 1척(자)=10촌 | 1장=10척 | 1인=10장 |

부피 단위

황종관에 들어가는 기장의 개수 1200알=1약

| 1약 | 1합(홉)=2약 | 1승(되)=10합(홉) | 1두(말)=10승 | 1곡(뒤)=10두 |

무게 단위

황종관에 들어가는 기장 알의 무게=12수

| 1수 | 1냥=24수 | 1근=16냥 | 1균=30근 | 1석(섬)=4균 |

만큼 차이가 나요. 가령 10촌이 모이면 1척, 10척이 모이면 1장이 되듯이요. 황종관의 단위 체계는 오늘날 우리가 쓰는 미터법처럼 십진법에 기초해 만들어진 거예요.

이처럼 중국의 도량형은 아주 체계적이었어요. 우리나라에서는 조선의 네 번째 왕인 세종대왕(1397년~1450년)이 음악가 박연에게 중국처럼 황종관을 만들도록 명했고, 이때 만들어진 황종관을 기준으로 단위 체계를 가다듬었지요. 세종대왕이 세운 도량형은 우리나라에 미터법이 도입되던 1900년대 초까지, 무려 500년 가까이 사용되었어요.

그런데 여기서 한 가지 궁금증이 일지 않나요? 우리에게 기장은 낯선 곡식이잖아요. 황종관 길이를 가늠할 때 기장 대신 쌀알을 늘어놓는 편이 훨씬 편리했을 것 같은데, 왜 그러지 않았을까요? 그건 오래전 중국에서 벼보다 기장을 더 많이 재배했기 때문이에요. 후한 시대 사람들에게는 벼보다 기장이 더 친숙한 곡식이었던 셈이지요.

 ## '석 자'는 얼마나 길까?

황종관을 재는 데 쓰였던 보통 크기의 기장 한 알은 폭이 약 3밀리미터예요. 즉 한 푼은 3밀리미터와 같아요. 그럼 황종관의 길이는 얼마였을까요? 황종관의 길이는 기장 90알과 같으니 90에 약 3밀리미터를 곱하면 약 270밀리미터네요. 이걸 센티미터로 바꾸면 약 27센티미터와 같고요. 앗, 그런데 밀리미터를 센티미터로 어떻게 바꾸는지 모르겠다고요? 걱정 마세요. 밀리미터, 센티미터, 미터, 킬로미터 등 단위를 바꿔 쓰는 방법에 대해서는 이번 이야기가 끝날 때 다시 한번 설명해 줄게요.

그럼 이제 석 자의 길이를 계산해 봐요. 한 자는 100푼, 즉 30.3센티미터와 같아요. 석 자의 길이를 구하려면 30.3센티미터에 3을 곱해 주면 되지요. 코가 석 자로, 즉 90.9센티미터로 늘어났다고 상상해 보세요. 보기 흉한 것도 문제지만, 코가 너무 무거워서 얼굴을 제대로 들고 있기도 버거울 거예요. 버텨야 할 무게가 늘어나면 목뼈에 무리가 갈 수도 있고, 심지어 목이 부러질 수도 있어요. 조선 시대에 실제로 그런 일이 있었다고 해요.

조선 시대의 이름난 화가였던 혜원 신윤복(1758년~?)의 그림에는 아리따운 여성이 많이 등장하는데, 여성들의 머리 모양을 보면 거의 가체 머리를 하고 있어요. 가체 머리는 가르마를 타지 않고 틀어 올린 머리로, 쉽게 말해 가발을 자기 머리 위에 얹은 것이에요.

요즘 사람들이 예뻐 보이려고 화장을 하고 파마를 하는 것처럼 옛시대의 여성들은 가체 머리 하는 것을 최고의 멋으로 여겼어요. 특히

양반 부잣집 여성일수록 가체 머리를 크고 높게 했다고 해요. 조선 시대 후기의 실학자인 이덕무(1741년~1793년)는 이런 치장을 좋지 않게 봤어요. 양반이 백성의 마음을 헤아리지 못하고 사치를 일삼는다고 비판했지요. 이덕무가 쓴 《청장관전서》라는 책에는 다음과 같은 이야기가 실려 있어요.

> 부유한 집안의 열세 살 된 신부가 가체 머리를 한 채 방 안에 앉아 있었다. 갑자기 시아버지가 들어오자 신부는 고개를 들고 일어서려고 했지만, 가체 머리의 무게를 이기지 못하고 목뼈가 부러져서 죽고 말았다.

코가 석 자이면 위 이야기에서처럼 목뼈가 부러지고 말 거예요. 목뼈에 부담을 주지 않고 만만치 않은 코 무게를 감당하려면 옆으로 누워 있어야 하는데, 평생 이렇게 살 수는 없잖아요. 남의 처지를 생각할 겨를이 없을 때 왜 '내 코가 석 자'라는 속담을 쓰는지, 이제 잘 알겠죠?

단위의 세계 통일은 언제 이루어졌을까?

도량형은 서로 다른 단위 때문에 혼란이 생기는 것을 막기 위해 만들어졌어요. 처음에는 단위가 한 마을 안에서, 한 나라 안에서, 한 문화권 안에서만 통일되어도 충분했어요. 하지만 동서양의 교류가 왕성해지면서 도량형에도 세계 통일이 필요해졌어요. 도량형의 세계 통일은 언제, 어떻게 이루어졌을까요?

18세기 후반, 프랑스는 부자와 가난한 사람들의 빈부 차이가 심해졌어요. 날이 갈수록 부자는 더 부자가 됐고, 가난한 사람은 더 가난해졌지요. 허기진 배를 움켜쥐며 빵을 달라고 외치는 사람이 한둘이 아니었어요. 그런데도 국왕인 루이 16세(1754년~1793년)는 세금을 더 거두려 했고, 왕비인 마리 앙투아네트(1755년~1793년)의 사치는 끝이 보이지 않았어요. 게다가 온갖 특혜를 다 누리고 있던 성직자와 귀족

들은 돈을 잔뜩 쥐고도 세금을 거의 내지 않았어요.

참다못한 프랑스 시민들이 "우리에게 빵을 달라, 빵을 달라!"라고 외치며 마침내 거리로 뛰쳐나왔어요. 1789년 7월 14일, 시민들이 바스티유 감옥을 습격하면서 프랑스 대혁명이 시작되었어요. 이 혁명은 성공을 거뒀고, 그 결과 프랑스는 많은 것이 바뀌었어요. 왕이 절대 권력으로 나라를 지배하던 시대에서 벗어나 자유와 평등을 보장하는 헌법을 만들었고, 선거를 통해 지도자를 뽑게 됐지요. 오늘날 프랑스는 이날을 기려 국경일로 정하고, 해마다 아름다운 불꽃놀이를 하며 큰 축제를 벌여요.

프랑스 대혁명을 성공으로 이끈 사람들은 시급하게 해결해야 하는 과제로 도량형의 통일을 꼽았어요. 그 무렵 프랑스에서는 성직자와 귀족이 사용하는 도량형과 일반 시민이 사용하는 도량형이 서로 달랐거든요. 물물 교환을 하거나 세금을 거둘 때 불편한 것은 두말할 필요도 없었어요. 어떻게 하면 단위를 조작해서 다른 사람을 속이고 자기 배를 채울까 궁리에 빠진 사람들도 많았지요. 그때 프랑스 사람들이 사용한 길이, 부피, 무게의 단위가 무려 25만 개도 넘었다고 하니, 아연실색할 수밖에요. 그러니 혁명 후 서둘러 바로잡아야 할 문제로 도량형 문제가 떠오른 게 당연했어요.

 ## 영원히 변하지 않는 단위를 만들자

1790년 프랑스의 정치가인 탈레랑(1754년~1838년)은 목소리를 높여 이렇게 외쳤어요.

"도량형을 통일하지 않고는 프랑스 국민도 하나가 될 수 없다! 영원히 변하지 않는 단위를 만들자!"

지역마다 천차만별이고 복잡한 도량형을 표준 도량형으로 바꾸자고 주장한 것이지요. 그런데 탈레랑이 말한 '영원히 변하지 않는 단위'란 무엇일까요? 이전까지 썼던 사람의 몸을 또다시 기준으로 삼을 수는 없었어요. 사람마다 몸이 다르고, 어떻게 움직이느냐에 따라 모양이 바뀌니까요. 손을 어떻게 벌리느냐에 따라 한 뼘의 길이도 달라지잖아요.

과학자들은 변하지 않는 것을 기준으로 삼아 표준 단위를 정해야 한다고 생각했어요. 프랑스 과학 아카데미의 저명한 학자들인 콩도르세(1743년~1794년), 라부아지에(1743년~1794년), 라플라스(1749년~1827년), 보르다(1733년~1799년), 르장드르(1752년~1833년)는 '도량형 위원회'를 만들어 새로운 단위를 연구했어요.

과학자들은 우선 저마다 생각을 마음껏 내놓았어요. 알프스 산의 높이로 하자는 의견, 센 강의 길이로 하자는 의견, 프랑스 국토의 둘레 길이로 하자는 의견 등 여러 가지 생각이 오고 갔어요. 하지만 프랑스의 지형을 기준으로 삼았다가는 프랑스 사람들만 편리하고 익숙할 게 뻔했어요. 세계의 모든 사람이 공평하게 이용할 수 있는 기준은 아니었지요.

과학자들은 다시 고민에 빠졌어요. 그러다 '지구 한 바퀴'라는 의

견이 나왔어요. 지구를 한 바퀴 돌았을 때 제자리로 돌아온다는 사실은 어느 누구에게나 변함없고 공평하니까요. 그리하여 프랑스 과학 아카데미에서는 길이 단위의 표준으로 지구의 북극과 남극을 지나는 자오선을 이용하자고 결정했어요.

북극에서 남극까지 자오선 길이의 2000만 분의 1(또는 북극에서 적도까지 길이의 1000만 분의 1)을 1미터로 정한다.

그때 기술로 자오선 길이를 측정하려면 사람이 직접 거리를 재는 수밖에 없었어요. 프랑스 과학 아카데미는 선발대 대장으로 천문학자인 들랑브르(1749년~1822년)와 메생(1744년~1804년)을 뽑았어요. 들랑브르와 메생은 프랑스 북쪽의 됭케르크에서 파리를 거쳐 바르셀로나까지 거리를 알아내기로 했지요.

1792년 들랑브르는 북쪽으로, 메생은 남쪽으로 출발했어요. 두 사람은 주변 풍경을 기록하고 날마다 걸은 거리를 쟀어요. 그러나 혁명의 소용돌이 속에서 측정 작업은 수월하지 못했어요. 어떤 지역의 사람들은 낯선 이들에게 의심의 눈초리를 보내며 자기 마을을 지나가지 못하게 했어요. 지역 관리들과 군인들도 다른 곳에서 보낸 첩자가 아니냐며 들랑브르와 메생을 의심했어요. 그런 의심이 풀릴 때까지 가던 길을 멈춰야 하는 상황이 한두 번이 아니었지요.

단순히 기다려서 해결될 문제였으면 다행이게요. 측정 작업이 아예 중단될 위기도 여러 번 겪었어요. 들랑브르는 마차를 타고 험한 길을 수 없이 지나갔고, 메생은 말이나 노새를 타고 험한 산세를 통과해야 했어요. 높디높은 산의 정상을 지날 때면 눈을 맞고 덜덜 떨며 영하의 기온을 힘겹게 견뎌야 했지요. 이처럼 두 사람은 골짜기에서 장대비를 만나고 홍수도 견디며, 목숨을 걸고 어렵게 싸워야 했어요.

 새로운 도량형의 이름은 미터법

들랑브르와 매생이 사투를 벌이며 지구의 길이를 재는 동안, 프랑스 정부는 새로운 도량형의 단위 이름을 무엇으로 할지 치열하게 논의했어요. 결국 그 이름은 미터(meter)로 정해졌어요. 미터는 그리스어로 '재다' 또는 '자'라는 뜻이에요.

두 사람이 지구 자오선의 길이를 재는 모험을 시작한 지 어느덧 7년이라는 세월이 지났어요. 1799년 봄, 두 사람은 마침내 측정 결과를 제출했어요. 프랑스 과학 아카데미는 이를 근거로 1미터의 기준을 마련했지요.

그런데 이 방법에는 문제가 하나 있었어요. 지구의 땅 표면은 언제나 조금씩 울퉁불퉁하거든요. 예를 들어 사하라 사막과 에베레스트산을 비교해 보면 땅 표면의 고르기가 당연히 다르겠지요? 같은 지역을 이동한다고 해도 평평한 길을 따라 걸을 때보다 울퉁불퉁한 곳을 지나갈 때 거리가 더 길게 측정될 거예요. 따라서 지구의 길이는 잴 때마다 달라질 수밖에 없어요. 영원히 변하지 않는 단위를 찾으려 했는데 어느 곳에서 재느냐에 따라 자오선의 길이가 들쑥날쑥하니 그걸 미터의 기준으로 삼을 수는 없었지요.

그래서 1961년 과학자들은 표준 단위의 기준을 다시 만들었어요.

'크립톤 원자가 움직이는 폭'이라는 새로운 기준이었지요. 크립톤 원자는 공기 중에 있는 원소예요. 자오선보다 이 원소를 기준으로 삼는 게 정확도가 뛰어났어요. 하지만 이러한 기준도 하루가 다르게 정밀해져 가는 과학자의 눈높이에 맞추기에는 부족했어요. 크립톤 원자는 공기 중에 약 100만 분의 1로 들어 있는 희귀한 원소라서 어느 곳에나 늘 있으리라는 보장이 없거든요. 길이의 표준을 구해 측정을 하려 해도 그곳에 크립톤 원자가 없다면 아무 소용이 없겠지요.

과학자들은 언제 어디서든 누구나 쉽게 이용할 수 있는 것이 무엇일까 다시 고민에 빠졌어요. 그러다가 빛을 떠올렸어요. 빛은 낮에도, 밤에도, 지구에도, 우주 어디에도 있는 데다가 우주가 사라지는 그날까지도 우리 곁에 있을 테니까요. 그래서 과학자들은 1983년, 새로운 길이의 표준으로 빛을 선택했어요. 이제 1미터는 '빛이 진공에서 299,792,458분의 1초만큼 지나간 길이'가 되었어요. 이렇게 해서 오늘날 전 세계 거의 모든 국가가 사용하는 길이 단위의 표준이 세워졌어요.

 미터, 센티미터, 밀리미터와 단위 바꾸기에 대하여

미터법은 1미터를 기준으로 하는 단위계예요. 하지만 모든 길이가 1미터씩 끊어지는 것은 아니잖아요. 1미터보다 약간 짧은 길이도, 매우 짧은 길이도 있어요. 연필과 크레파스의 길이, 세숫비누와 교과서의 폭, 동전과 실의 두께 등 셀 수 없을 정도로 많은 것들이 1미터보다 훨씬 짧은 길이를 가지고 있어요.

이런 길이는 1미터씩 눈금이 새겨진 자로 재 봐야 정확한 결과가 나오지 않아요. 1미터마다 하나씩 큼직큼직하게 눈금이 그려져 있는 자로 어떻게 연필의 길이를 딱 맞게 재겠어요? 길이를 더욱 정밀히 측정하려면 1미터보다 더 작은 단위도, 더 큰 단위도 필요했어요. 그래서 1미터를 100등분한 센티미터와 1000등분한 밀리미터, 그리고 1미터의 1000배가 되는 킬로미터를 정했어요.

센티미터와 밀리미터를 이용하면 앞에서 예로 든 연필이나 크레파스, 세숫비누의 크기를 더 정확히 잴 수 있어요. 가령 '연필의 길이는 16센티미터이다.' 하는 식으로요. 만약 센티미터나 밀리미터 같은 단위가 없었다면, '연필의 길이는 1미터보다 짧다.'라든지 '연필 여섯 개를 죽 이어붙이면 약 1미터가 된다. 즉 연필은 1미터의 약 6분의 1 길이이다.'라는 식으로 두루뭉술 설명할 수밖에 없었을 거예요.

그럼 여러분이 어려워하는 단위 바꾸는 방법을 알려줄게요. 이 방법만 터득하면 아무리 어렵고 까다로워 보이는 문제도 쉽게 해결할 수 있어요.

단위 바꾸기의 기본 원리는 '1은 아무리 여러 번 곱해도 괜찮다.'라는 것이에요. 예를 들어 100에 1을 한 번 곱해도 100, 두 번 곱해도 100, 세 번 곱해도 100이에요. 만 번을 곱해도 똑같지요. 이처럼 간단한 곱셈의 원리를 이용하면, 더는 단위 바꾸기를 고민할 필요가 없어요.

자, 그럼 도전해 볼까요?

단위를 바꿀 때는 어떤 수에 1을 곱해도 그 값에 변화가 없다는 원리를 활용해요. 우리가 미터로 바꾸려는 수 178센티미터도 마찬가지예요. 178센티미터에 1을 곱해도 178센티미터라는 걸 기억하면서 함께 풀어 볼까요?

1미터는 100센티미터와 같고 분자와 분모가 같으면 1이니, $\frac{1m}{100cm}=1$이에요.

178센티미터에 1을 곱해도 178센티미터이니, 1 대신에 $\frac{1m}{100cm}$를 넣어 보세요.

센티미터가 분자와 분모에 공통으로 있으니 지우면, 1.78미터가 돼요.

$$178cm \times 1 = 178cm \times \frac{1m}{100cm} = \frac{178m}{100} = 1.78m$$

1미터는 100센티미터와 같고, 100센티미터는 1000밀리미터와 같아요. 즉 1미터는 1000밀리미터와 같으니, $\dfrac{1\text{m}}{1000\text{mm}}=1$ 이에요.

37밀리미터에 1을 곱해도 37밀리미터이니, 1 대신에 $\dfrac{1\text{m}}{1000\text{mm}}$ 를 넣어 보세요. 그럼 답은 0.037미터가 되지요.

$$37\text{mm}\times1=37\text{mm}\times\dfrac{1\text{m}}{1000\text{mm}}=\dfrac{37\text{m}}{1000}=0.037\text{m}$$

이러한 문제는 그다지 어렵지 않아요. 하지만 원리를 모르고 무작정 공식을 암기해서 문제를 푼 학생들에게 6자를 미터로 바꾸는 문제는 쉽지 않을 거예요. 그럼 책장을 넘겨 풀어 볼까요?

1자는 30.3센티미터지만 계산을 편히 하기 위해, 1자=30센티미터라고 하겠어요. 그러면 1자는 0.3미터가 되죠.

1자는 0.3미터와 같으니, $\frac{0.3\text{m}}{1\text{자}}=1$이에요.

6자에 1을 곱해도 6자이니, 1 대신에 $\frac{0.3\text{m}}{1\text{자}}$를 넣어 보세요.

자가 분자와 분모에 공통으로 있으니 지우면, 답은 1.8미터가 돼요.

$$6\text{자} \times 1 = 6\text{자} \times \frac{0.3\text{m}}{1\text{자}} = \frac{6 \times 0.3\text{m}}{1} = 1.8\text{m}$$

어때요? 이제 단위를 환산하는 기본 원리를 잘 알겠지요? 그런데 실생활에서는 기본 원리를 일일이 적용하는 것보다 더 간단하게 계산하는 방법이 있어요.

밀리미터에서 밀리(milli)는 미터를 기준으로 1000분의 1, 센티미터에서 센티(centi)는 100분의 1, 킬로그램에서 킬로(kilo)는 1000배라는 뜻이에요. 이러한 관계를 정리하면 아래 같은 표를 그릴 수 있어요.

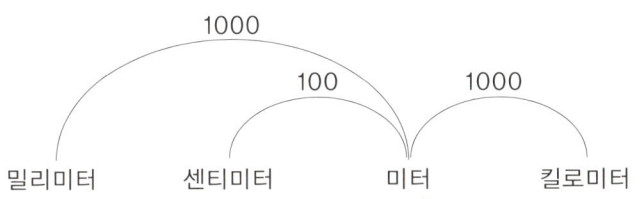

이때 킬로미터가 밀리미터보다 큰 단위예요. 그런데 단위를 환산해 보면 단위가 커질수록 수는 작아진다는 걸 알 수 있어요. 쉽게 생각해 천 원짜리와 만 원짜리를 비교해 보세요. 작은 단위인 천 원이 열 장 모여야 큰 단위인 만 원짜리 한 장이 되지요? 이처럼 단위가 커질수록 수는 작아지고, 단위가 작아질수록 수는 커져요. 수가 커지려면 곱셈을 해야 하고 수가 작아지려면 나눗셈을 해야 해요. 다음 문제를 풀어 볼게요.

1. 3000m = (   )km
2. 0.5km = (   )m
3. 12m = (   )cm
4. 17mm = (   )cm

우선 1번 문제를 보세요. 미터와 킬로미터는 1000씩 차이가 난다고 했지요? 그런데 미터보다 킬로미터가 더 큰 단위니까 수는 작아져야 해요. 수가 작아진다는 건 1000으로 나눠 준다는 뜻이에요. 3000을 1000으로 나누면 답은 3킬로미터가 돼요.

2번 문제는 반대예요. 킬로미터를 더 작은 단위인 미터로 바꾸면 수는 커질 거예요. 수가 커지려면 1000을 곱해 주면 돼요. 0.5에 1000을 곱하면 답은 500미터예요.

3번 문제는 어떨까요? 미터에서 출발해 센티미터로 가니까 단위가 작아져요. 그럼 수는 커져야 하니까 곱셈을 해 줘야겠죠? 센티미터와 미터는 100 차이가 나니까, 12에 100을 곱하면

1200센티미터가 답이네요.

 4번 문제에서는 밀리미터를 센티미터로 바꿔야 해요. 밀리미터가 미터와 1000 차이, 센티미터가 미터와 100 차이가 나니까 밀리미터와 센티미터는 10 차이가 난다는 걸 쉽게 알 수 있어요. 밀리미터보다 큰 단위인 센티미터가 되려면 수가 작아지도록 나눗셈을 해야 하니, 17을 10으로 나누면 1.7cm가 답이네요.

 어때요? 이제 어려운 단위 환산 문제가 나와도 쉽게 풀 수 있겠죠?

천 리 길도 한 걸음부터

거리 단위

　제 조카들이 초등학생이 되기 전이었어요. 하루는 조카들이 우리 집에 놀러 왔어요. 현관에 들어서기 전까지는 파워레인저 엔젤포스를 꼭 끌어안고 부끄러움을 타던 녀석들이 일단 신발을 내팽개치듯 벗고 나자 거실로 우당탕 뛰어 들어오지 뭐예요. 거실 탁자 아래에서 장난감 자동차들을 꺼내 놀기 시작하더니, 잠시도 쉬지 않고 뛰어 다니더군요.

　혹여 조카들이 다치지는 않을까 걱정돼 열심히 뒤를 쫓는데 기운이 쏙 빠졌어요. 아래층에서 조용히 해 달라고 연락이 올까 봐 노파심도 들었고요. 그래서 좋은 수를 생각해 냈지요. 저는 며칠 전에 사 둔 퍼즐을 꺼내 조카들에게 맞춰 보라고 했어요. 그런데 조카들은 선뜻 흥미를 보이지 않았어요. 머리를 쓰는 것보다 계속 뛰어놀고 싶은 마음이 더 강했나 봐요. 그렇다고 물러설 수는 없겠죠? 저는 또 다른 수를 썼어요. 조카들이 껌 씹는 재미에 푹 빠져 있다는 사실을 알고 있었거든요.

"이 퍼즐 다 맞추면 껌 줄게!"

제가 한 통을 다 주겠다고 약속한 뒤에야 조카들이 방긋 웃으며 퍼즐 앞에 앉았어요. 그러더니 금세 퍼즐을 완성해 갔어요. 10조각이나 15조각 퍼즐은 금방 맞출 줄 알았지만, 35조각 퍼즐까지 그리 빨리 맞출 줄이야……. 저는 깜짝 놀라서 88조각 퍼즐을 꺼냈지요. 이번에는 껌 두 통을 약속했어요. 그런데 조카들이 고개를 저었어요.

"너무 어려워요."

하지만 제가 "이거 한반도의 공룡 퍼즐인데도?"라고 말하자, 조카들의 얼굴색이 도로 바뀌었어요.

"그럼 부경고사우루스와 친타오사우루스도 나오나요?"

"물론이지."

조카들은 제 손에 들린 퍼즐을 얼른 빼앗더니, 손가락으로 공룡 하나하나를 짚어 가며 오랜만에 만난 친구를 반기듯 이름을 부르더군요.

"우와! 타르보사우루스다! 테리지노사우루스도 있네? 벨로키랍토르, 이건 프로토케라톱스야. 해남이크누스와 미크로랍토르도 있어!"

그러고는 공룡 하나하나의 특징을 줄줄이 읊었어요.

"부경고사우루스는 별명이 백악기의 신사이고요, 우리나라에서 발견된 공룡 중에 가장 큰 공룡이에요. 몸길이가 23미터나 된다니까요!"

저는 조카들이 이렇게까지 공룡을 좋아하는 줄 그때 처음 알았어요.

이걸 언제 다 맞추겠느냐며 시무룩한 표정을 짓던 조카들은 차근차근 퍼즐을 맞춰 갔어요. 저는 내심 안심이 됐어요. 퍼즐을 완성하는 데 서너 시간은 족히 걸릴 테니 그동안 집 안이 좀 조용하겠다 싶었거든요. 그런데 이게 웬일인가요? 조카들은 채 한 시간도 안 되어 퍼즐을 다 맞추었어요!

여러분, 만약 제 조카들이 지레 겁을 먹고 퍼즐 맞추기에 도전하지 않았다면 어땠을까요? 직접 완성한 공룡 퍼즐을 볼 일은 없었을 거예요. 아무리 어려운 일이라도 시작이 중요하지요. 이처럼 작은 노력

하나하나가 쌓이고 쌓여서 큰일을 이루어 갈 때, 이 속담 '천 리 길도 한 걸음부터'를 써요.

 발걸음에서 나온 단위, 보

거리는 길이와 비슷한 개념이에요. 사람이나 물건 사이의 간격, 어떤 장소가 떨어져 있는 정도나 사이를 두고 거리라고 해요. 동양에서 손, 서양에서 발을 이용해 길이 단위를 정했듯 거리 단위도 사람의 몸을 이용해 만들어졌어요.

거리 단위의 기준은 사람의 발걸음이었어요. 보통 체격의 성인 남성이 걸으면서 내딛는 한 걸음을 '보'라고 했지요. 그런데 보라는 거리는 사람에 따라 달라졌어요. 다리가 긴 사람, 다리가 짧은 사람, 크게 걷는 사람, 종종걸음을 걷는 사람 등 저마다 걷는 폭이 다 다르니까요. 그래서 자나 피트처럼, 보의 길이도 시대나 상황마다 달랐어요.

보는 미터법에 속하지 않는 단위예요. 미터법에서 거리 단위는 길이 단위와 똑같이 밀리미터, 센티미터, 미터, 킬로미터를 쓰거든요. 그런데 우리는 요즘도 보라는 단위를 이따금 사용해요. 체육 시간에 선생님이 학생들을 향해 "1보 앞으로, 2보 뒤로, 3보 좌로, 4보 우로."라고 하면, 학생들은 자연스레 한 발 앞으로, 두 발 뒤로, 세 발 왼쪽으로, 네 발 오른쪽으로 움직이잖아요. 한편, 꿈을 위해 지금은 잠시 참고 기다려야 할 때 '2보 전진을 위한 1보 후퇴'라는 표현을 쓰기도 해요.

축구 경기에서도 보라는 단위는 중요한 역할을 해요. 선수가 반칙을 하면 심판이 프리킥을 주는데, 이때 수비하는 선수들은 프리킥을 찰 상대편 선수를 방해해서는 안 돼요. 공을 찰 선수와 9.15미터 이상 떨어져 있어야 하지요. 그렇다고 이때마다 줄자를 가져와 거리를 잴 수는 없는 노릇이에요. 심판은 선수들에게 아홉 걸음에서 열 걸음쯤 물러난 뒤 수비벽을 쌓으라고 일러 줘요.

 오십 보 백 보

보가 들어가는 속담으로 '오십 보 백 보'가 있어요. 이 속담 뒤에는 재미있는 일화가 있답니다. 중국 전국 시대의 사상가인 맹자(기원전 372년경~289년경)의 이야기가 담긴 책 《맹자》에 나오는 일화이지요.

중국이 여러 나라로 나뉘어 정치가 혼란스러울 때였어요. 맹자가 양나라의 혜왕을 찾아가 만났어요.

"선생처럼 훌륭한 학자가 천 리 길을 멀다 하지 않고 우리나라를 찾아와 주니, 장차 우리나라에 이로운 일이 생기지 않겠소?"

양혜왕이 이렇게 말하자, 맹자가 답했어요.

"왕께서는 이익이 되는 일을 중히 여기시지만, 진정 중요한 것은 어질고 옳은 일이지요."

그러면서 맹자는 이런 이야기를 들려주었어요.

"왕께서 전쟁을 좋아하시니, 전쟁에 비유해서 한 말씀 올리겠습니다. 전쟁에서 질 게 확실해지니, 병사들이 방패를 버리고 무기를 질질 끌면서 도망쳤습니다. 어떤 병사는 백 보를 도망갔고 어떤 병사는 오십 보를 도망갔지요. 이 경우 오십 보를 도망간 병사가 백 보를 도망간 병사에게 비겁하다고 비웃는다면 어떻겠습니까?"

양혜왕은 맹자가 전하려는 뜻을 깨닫고 답했어요.

"그건 옳지 않은 일이구려. 백 보가 됐든, 오십 보가 됐든 두 사람 모두 도망친 것은 마찬가지 아니오?"

양혜왕의 대답대로 백 보나 오십 보나 그게 그것이죠. 도망친 것은 두 병사 다 마찬가지인데, 누가 누구를 욕할 수 있겠어요? 이처럼 겉으로는 차이가 약간 있어 보여도 본질은 다르지 않을 때, 이 속담 '오십 보 백 보'를 써요.

 1리는 360보

우리 집에서 친구 집까지 가는 데 100보 거리라고 하면 불편할 게 없어요. 하지만 단위가 커지면 부르기도, 쓰기도, 계산하기도 어려워져요. '256680보 더하기 335690보'라고 하면 상당히 복잡해 보이죠? 그래서 보라는 단위보다 더 긴 거리

를 나타내는 단위가 필요했고, 이에 진시황은 360보를 1리로 정했지요. 그런데 왜 1리가 360보이냐고요? 그건 1년이 360일인 음력에서 리 단위를 따왔기 때문이에요.

　　보의 길이는 시대마다 달랐어요. 그래서 리의 길이도 나라마다, 시대마다 들쑥날쑥했지요. 우리나라는 일제강점기 때 일본 도량형을 따라 '1리는 약 400미터다.'라고 못 박았어요. 400미터면 0.4킬로미터와 같아요. (400미터를 킬로미터 단위로 바꾸는 풀이 과정은 142쪽에서 자세히 살펴보세요.) 이제 우리는 '천 리 길도 한 걸음부터'의 천 리를 계산할 수 있어요. 0.4킬로미터에 1000을 곱해 주면 400킬로미터지요.

　　애국가 가사를 보면 '무궁화 삼천리 화려강산'이라는 노랫말이 나오잖아요. 여기서 3000리는 한반도를 대각선으로 잰 거리, 즉 전라남도 해남에서 가장 북쪽 땅인 함경북도 온성까지를 잰 거리예요. 1리를 0.4킬로미터로 하면, 3000리는 1200킬로미터가 되죠.

　　조선 시대 이중환(1690년~1756년)이란 학자가 우리나라 방방곡곡에 대해 설명한 《택리지》에도 한반도의 크기가 기록돼 있어요.

> 우리나라는 동쪽과 서쪽과 남쪽이 모두 바다이고, 북쪽만 여진과 요동으로 통한다. 산이 많고 들이 적다. 길게는 3000리에 걸쳐 있지만, 동서로는 1000리에도 미치지 못한다.

택리지에 3000리란 거리가 나오는 것을 보니, 애국가의 작사가도 이 책을 참고해서 노랫말을 지었을 것 같다는 생각이 들어요. 택리지를 통해 한반도의 동서 거리는 남북 거리의 3분의 1쯤 된다는 사실도 배울 수 있고요.

3000리라는 거리는 조선 시대의 기본 법전인 《경국대전》에도 등장해요. '차술이나 대술을 하면 곤장 100대와 유배 3000리로 벌한다.'라고 적혀 있거든요. 차술이란 남의 답을 베껴 쓰는 것, 대술이란 다른 사람이 시험을 대신 봐 주는 것을 말해요. 지금과 마찬가지로 조선 시대에도 시험에서 부정행위를 할 수 없었어요. 그래서 만약 이를 어기면 몽둥이를 100대 맞거나 3000리 밖으로 유배를 가야 한다고 법에 엄격하게 적어 둔 것이에요.

한반도의 남북 거리를 다 합쳐 3000리이니, 뭍에 살던 사람은 아예 바다 건너편의 섬으로 귀향 갈 수도 있었어요. 남쪽 땅끝인 해남에 살던 사람은 한반도의 최북단인 함경북도 온성으로 유배될 수도 있었고요. 고향을 떠나 이렇게 먼 곳으로 보내 버리다니, 조선 시대에 부정행위를 얼마나 엄하게 다스렸는지 잘 보여 주고 있어요.

1000리의 값이 400킬로미터라는 것을 알았으니, 만리장성의 길이를 구하는 것도 식은 죽 먹기네요. 만리장성은 지구 밖 우주 정거장에서 내려다봐도 보일 만큼 길다고 하죠? 진시황이 이런 웅장한 만리장성을 세웠어요. 진나라 때는 1리가 0.576킬로미터 가량이었으니, 이를 적용하면 만 리는 5760킬로미터, 즉 거의 5800킬로미터에 가까운 거리예요. 지구의 반지름이 6400킬로미터이니, 만리장성이 조금만 더 길었다면 지표면에서 지구 중심에 닿을 정도였다는 소리지요. 이 기다란 성을 쌓기 위해서 얼마나 오랫동안, 얼마나 많은 사람이 얼마나 많은 피와 땀을 흘렸을지, 보지 않아도 능히 상상이 가요.

길과 치도 있어요

거리 단위가 들어간 또 다른 속담으로 '열 길 물속은 알아도 한 길 사람 속은 모른다.'라는 말이 있어요. 이 속담의 '한 길 사람'이라는 표현을 보면, 사람의 길이가 한 길 정도라는 걸 알 수 있어요. 즉 길은 사람 키 정도의 길이를 가리키는 단위예요. 열 길은 사람 키의 열 배인 거리이지요. 물이 맑으면 열 길 정도 깊이는 훤히 들여다보여요. 물속으로 직접 들어가 살펴볼 수도 있고요.

그러나 사람 마음은 어떤가요? 우리 마음은 변덕이 죽 끓듯 할 때가 많아요. '여자의 마음은 흔들리는 갈대와 같다.'라는 말처럼요. 이 말이 꼭 여자에게만 해당하는 건 아니에요. 잘 생각해 보세요. 남자든 여자든 내 마음을 나도 모를 때가 종종 있을 거예요. 그래서 '열 길 물속은 알아도 한 길 사람 속은 모른다.'라는 말이 나왔어요.

물 깊이가 천 길 정도이면 어떨까요? 그래도 심해 잠수정을 타고 들어가면 된다고요? 맞아요. 옛사람들도 사람 속보다는 물속이 더 알기 쉽다고 생각했어요. 그래서 이런 말도 만들었지요. '천 길 물속은 알아도 한 길 사람 속은 모른다.' 두

속담은 서로 비슷한 뜻이에요.

한편, 앞 장에서 척관법을 살펴볼 때 나온 '치'라는 단위 기억하나요? 치가 들어간 속담으로 '한 치 앞도 못 본다.'라는 속담도 있어요. 한 치는 3센티미터인데 그 앞도 보지 못한다니, 눈이 정말 나쁜 것 아니냐고요? 물론 그렇지만, 이 속담에는 더 깊은 속뜻이 숨어 있지요.

'한 치 앞도 못 본다.'라는 건 코앞의 일도 제대로 가리지 못하는, 분별없고 어리석은 사람이라는 뜻이에요.

메이저리그 홈런의 길이는?

우리는 일상생활에서 알게 모르게 보나 리 같은 단위를 쓰고 있어요. 서양도 마찬가지예요. 동양의 보에 해당하는 서양의 단위는 야드(yard)이고, 리에 해당하는 단위는 마일(mile)이라 볼 수 있는데, 아직도 이 단위를 자주 쓰고 있지요.

예전에 제가 미국 프로야구 중계를 처음 보았을 때 깜짝 놀란 것이 두 가지 있었어요. 하나는 우리나라보다 관중석 높이가 두세 단은 높다는 것이었고, 다른 하나는 홈런 펜스에 새겨진 엄청난 숫자였어요. 우리나라 야구장의 홈런 펜스를 보면 왼쪽과 오른쪽에 90에서 95 사이의 숫자가, 중앙에 110 정도의 숫자가 적혀 있었어요. 이는 타자가 공을 치는 타석에서 펜스까지의 거리를 나타내요.

그런데 미국 야구장을 보니 무려 세 배나 큰 수가 적혀 있었어요. 왼쪽과 오른쪽에는 330, 중앙에는 375라는 숫자가 적혀 있었지요. 미국 선수들은 덩치가 좋으니까 우리나라보다 세 배나 큰 야구장을 사용하는 걸까요? 그게 아니었어요. 그 숫자는 미터가 아닌 피트 단위를 기준으로 한 것이었어요. 1피트는 30.48센티미터와 같아요. 따라서 330피트는 100.584미터, 375피트는 114.3미터 정도예요. (피트를 미터로 바꾸는 풀이 과정은 142쪽과 143쪽에서 자세히 살펴보세요.) 미국 야구장이 우리나라보다 크긴 크지만, 세 배나 큰 건 아니었지요.

미국은 이뿐 아니라 도로 이정표와 지도 등 여러 분야에서 여전히 야드파운드법을 따르고 있어요. 국제 표준계인 미터법의 킬로미터 대신 마일로 거리를 표시하지요.

벼룩의 등에 육간대청을 짓겠다

넓이 단위

방 안에 떠다 놓은 물이 어는 게 상상이 가나요? 얼마 전만 해도 진짜 가능한 이야기였어요. 제가 어렸을 적만 해도 한겨울 그릇에 담겨 있던 물이 밤새 얼어 버리고는 했거든요. 냉동실에 집어넣은 것도 아니고 차디찬 바깥에 둔 것도 아닌데 어떻게 그런 일이 가능했을까요?

그때는 요즘보다 평균 기온이 몇 도 정도 더 낮았어요. 삼한사온이라는 말 아나요? 사흘 추우면 나흘은 따뜻하다는 의미인데, 제가 어릴 적에는 이 말이 딱딱 들어맞았어요. 섭씨 영하 10도 이하인 경우도 허다했지요. 그럴 때는 찬 기운이 그대로 집 안으로 들어왔어요.

아파트가 즐비한 요즘과 달리 1960년대에는 자그마한 단층 한옥이 골목마다 거리마다 옹기종기 모여 있었어요. 요즘 새로 지은 집은 현

관문도 있고 창문도 이중으로 달려 있어서 바깥의 찬 공기가 실내로 들어오지 못하게 잘 막아 줘요. 여러분도 집 안에서 따뜻하게 지내는 편이지요? 그러나 옛날 집들은 그렇지 않았어요. 나무로 짠 틀에 한지를 발라 만든 방문과 창문은 찬 기운을 막는 데 한계가 있었거든요. 창문에 유리 대신 얇은 도화지만 한 장 붙어 있다고 상상해 보세요. 거기다 종이에 구멍이라도 숭숭 뚫리면 찬 기운이 더 세게 집 안으로 들어왔지요. 마치 '바늘구멍으로 황소바람이 들어오는 것'처럼요.

스위스의 베르누이(1700년~1782년)라는 과학자가 발견한 원리에 따르면, 통로가 좁을수록 공기와 물이 빠르게 흐른다고 해요. 이를 '베르누이의 원리'라고 해요. 분무기를 생각해 보면 쉬워요. 구멍이 작고 좁으니까 물이 빠른 속도로 뿜어져 나오잖아요. 창문의 한지에 뚫린 구멍도 마찬가지라, 구멍이 작으면 작을수록 바람은 더욱 세차게 들어왔어요. '바늘구멍으로 황소바람 들어온다.'라는 속담과 딱 들어맞았지요.

우리의 전통 한옥에는 마루가 있어요. 아파트에서는 방문을 열면 거실이나 다른 방이 나오지 바깥과 바로 접하지는 않아요. 하지만 한옥에서는 방문을 열면 바깥과 바로 연결된 마루가 있어요. 마루는 문 없이 활짝 트여 있어서 바깥 공기가 자유롭게 드나들어요. 그래서 방문 틈으로도 바람이 더 잘 새어 들어오지요. 밖에서 불어오는 바람을

외풍이라고 하는데, 한옥은 외풍이 센 편이에요. 겨울철 방 안에 떠다 놓은 물이 밤사이에 어는 것도 바로 한옥의 센 외풍 때문이에요.

한옥의 마루에는 툇마루, 쪽마루 등 종류가 많아요. 그 가운데에서도 오늘날 거실의 역할을 맡은 게 대청마루예요. 안방과 건넌방 사이에 있는 마루를 대청이라고 부르는데, 우리가 알아보려는 '벼룩의 등에 육간대청을 짓겠다.'라는 속담에서 육간대청이란 대청의 넓이가 여섯 간인 마루를 말해요.

우리 선조들은 길이를 표현할 때도, 넓이를 표현할 때도 이런 '간'이라는 단위를 썼어요. 길이로 한 간은 여섯 자, 넓이로 한 간은 한 평과 같아요. 육간대청의 면적은 여섯 평으로 꽤 넓은데, 이걸 어떻게 작은 벼룩의 등에 올릴 수 있을까요? 벼룩은 몸길이가 고작해야 2밀리미터에서 4밀리미터 정도에 불과한걸요. 이처럼 얼토당토않고, 터무니없고, 이치에 맞지 않는 말과 행동을 두고 이 속담 '벼룩의 등에 육간대청을 짓겠다.'를 써요.

일제강점기의 흔적인 '평'

요즘 우리에게 가장 익숙한 넓이 단위는 아마 평일 거예요. 아파트나 논과 밭의 면적에 평이라는 단위가 흔히 쓰였으니까요. 그런데 2007년 7월, 우리나라는 미터법에 어긋나는 평 단위를 더 이상 쓰지 못하도록 못 박았어요. 포크를 쓰는 서양 사람이 젓가락질에 어려움을 겪듯, 익숙한 것을 버리고 새것을 택하는 일은 쉽지 않지요. 그래서 평을 사용하는 게 금지되자, 왜 우리의 전통 단위를 굳이 바꿔서 혼란스럽게 하느냐는 목소리도 높았어요. 그런데 꼭 알고 넘어가야 할 것은 평이 우리나라의 전통 단위가 아니라는 사실이에요.

조선의 제14대 왕인 선조(1552년~1608년) 때, 일본이 우리나라를 침략해 왔어요. 이때 일어난 전쟁이 임진왜란이지요. 이 전쟁을 일으

킨 장본인은 일본의 도요토미 히데요시(1536년~1598년)라는 사람이 었어요.

　일본을 통일한 도요토미 히데요시는 자신을 도와 공을 세운 부하들에게 땅을 내려 주기로 했어요. 그리고 그 땅을 헤아릴 새로운 넓이 단위를 만들었어요. 자신이 일본의 모든 지역을 평정했다는 의미로, 흙토(土)라는 글자와 평정한다고 말할 때 쓰는 평(平)이라는 글자를 붙여서 새로운 글자, '평(坪)'을 만들어 냈어요. 이 글자가 일제강점기 때 우리나라에 들어오게 됐지요. 즉 평은 우리 전통 단위가 아니라 일본 단위예요.

　그럼 한 평은 얼마만큼의 넓이일까요? 한 평은 가로와 세로가 1.82미터인 정사각형 넓이와 같아요. 1.82미터라는 길이는 19~24세 남성의 평균 키인 1.75미터보다 7센티미터 정도 커요. 따라서 한 평 공간

은 보통 키의 남자 어른이 어느 방향으로나 누울 수 있는 공간이 되죠. 이것이 넓이 단위인 평의 의미예요.

 ## 넓이는 가로 곱하기 세로

한편 미터법에서는 제곱미터라는 넓이 단위를 써요. 미터법의 넓이 단위를 왜 그냥 미터도 아니고, 제곱미터라고 했을까요? 이는 넓이의 의미가 단순한 길이나 거리와는 다르기 때문이에요. 사전을 보면, 넓이는 '일정한 평면에 걸쳐 있는 공간이나 범위의 크기'라고 돼 있어요. 무슨 말인지 모르겠다고요? 혹 떼려다가 되려 혹 하나 더 붙인 것 같은 느낌이 든다면서 한숨을 푹 쉬는 학생도 보이네요. 걱정하지 마세요, 제가 쉽게 설명해 줄게요.

평면이란 종이나 땅바닥처럼 펼쳐진 면을 말하고, 여기에 그려진 모양의 면적을 계산한 걸 넓이라고 해요. 정사각형, 직사각형, 평행사변형, 사다리꼴 등 종류에 상관없이 도형에는 모두 가로와 세로의 개념이 있어요. 넓이는 가로와 세로를 곱해 구하는데, 가로 몇 미터에 세로 몇 미터를 곱하면 미터가 두 번 들어가게 돼요. 그래서 미터를 두 번 곱한 제곱미터가 넓이 단위가 되었어요.

누구나 그릴 수 있는 넓이

세계 공통의 단위계는 미터법이고, 평이 우리의 전통 단위도 아니에요. 그러니 평을 써야 할 이유가 없는데도 사람들은 제곱미터라는 단위가 평보다 훨씬 불편하다고 말해요. 예컨대 아파트가 30평이라고 하면 어느 정도 크기인지 감을 잡을 수 있는데, 제곱미터로 표시하면 감을 잡기 어렵다는 거예요. 과연 그럴까요?

30평이라는 넓이를 그릴 수 있다고 하는 것은 말 그대로 감, 즉 느낌일 뿐이에요. 넓이를 정확히 알려면 측정을 해 봐야 하지만, 아파트에 사는 사람들 중에 실제로 측정을 해 본 사람은 드물 거예요. 그런데도 사람들은 아파트 크기를 잘 알고 있다고 자신해요. 20평대 아파트는 방 둘에 화장실 하나, 30평대 아파트는 방 셋에 화장실 하나 혹은 둘, 50평대 아파트는 방 네다섯에 화장실 둘 정도를 갖추고 있다며 크기를 대충 가늠하기 때문이에요.

이것은 어디까지나 어림짐작일 뿐이지 면적을 정확히 아는 건 아니에요. 간단한 실험으로도 확인할 수 있어요. 평 단위를 잘 안다고 자부하는 사람들도 학교 운동장에 30평을 그리라고 하면, 십중팔구 제대로 그리지 못할 테니까요.

그러나 미터법을 이용하면 달라져요. 30평을 미터법으로 바꾸면 100제곱미터 가량이에요. (30평을 미터로 바꾸는 풀이 과정은 144쪽에서 자세히 살펴보세요.) 넓이는 가로와 세로를 곱해서 얻는다고 했죠? 따라서 곱해서 100이 되는 두 수를 찾으면 쉽게 100제곱미터를 그릴 수 있어요. 가로 10미터, 세로 10미터인 정사각형, 가로 4미터에 세로 25미터, 가로 5미터에 세로 20미터인 직사각형이 모두 100제곱미터의 아파트와 같지요.

육간대청도 마찬가지예요. 육 간에 해당하는 여섯 평을 그리려고 하면 쉽지 않아요. 하지만 여섯 평을 미터법으로 환산해서 20제곱미터를 그리기는 훨씬 쉬워요. 가로와 세로를 곱해서 20이 되는 수만 찾으면 되니까요. 자가 없으면 보폭을 이용해서 가로와 세로를 측정

할 수도 있지요. 어른 한 걸음의 보폭이 1미터 남짓이니 가로로 열 걸음, 세로로 열 걸음씩 걸으면 금세 100제곱미터를 그릴 수 있어요.

동양 수학의 최고 경전 《구장산술》

옛날에 우리 선조들은 넓이를 어떻게 계산했을까요? 동양에도 넓이를 구하는 수학이 있었을까요? 오늘날 우리가 학교에서 배우는 수학은 대개 고대 서양 사람들이 알아낸 수학이에요. 그래서 동양에는 수학이 없었을 거라고 생각할 수도 있지만, 그건 사실과 달라요.

고대 그리스의 수학자 유클리드(기원전 330년경~기원전 275년경)는 《원론》이라는 유명한 수학책을 펴냈어요. 이것은 직선, 평행선, 각도, 삼각형, 사각형 같은 도형의 기본 원리를 적어 놓은 것으로, 서양 수학의 경전이라고 높이 평가받는 책이에요. 그런데 이 책에 견줄 만한 수학책이 동양에도 있었어요. 중국의 수학자인 유휘가 263년에 펴낸 《구장산술》이지요.

《구장산술》에는 실생활에 필요한 갖가지 계산이 담겨 있는데, 1장에는 논과 밭의 면적을 구하는 문제가 나와 있어요. 예를 들어 《구장산술》 1번 문제는 다음과 같아요.

밭의 가로가 15보, 세로가 16보이다. 밭의 넓이는 얼마인가?

우리는 앞에서 평면 도형은 예외 없이 가로와 세로를 가지고 있고, 넓이 구하는 공식의 기본은 '가로×세로'라고 배웠어요. 그 공식을 이용하면 답을 금방 구할 수 있겠죠? 답은 240보예요.

그런데 모든 도형의 넓이를 '가로×세로'라는 공식으로 구하는 건 아니에요. 예를 들어 삼각형의 넓이를 구하려면 '밑변×높이÷2'를 해야 하잖아요? 왜 어떤 도형에는 '나누기 2'라는 꼬리가 붙는 걸까요?

평면 도형의 넓이를 구하는 방법에 대해서는 초등학교 고학년 수학 시간에 배우는데, 복잡해 보이는 공식 때문에 넓이 문제에 애를 먹는 학생들이 많을 거예요. 하지만 모든 도형의 넓이를 구하는 기본 원리는 사각형의 넓이 구하는 공식, 즉 '가로×세로'에서 나왔어요. 이것만 잘 알고 있으면 넓이를 쉽게 구할 수 있어요.

 ## 여러 가지 도형의 넓이 구하기

우선 평행사변형의 넓이 구하는 공식부터 살펴볼까요?

평행사변형에서 평행한 두 변을 밑변이라고 해요. 두 밑변 사이의 거리를 높이라고 하고요. 아래 (가) 그림의 평행사변형에서 한쪽 끝에 튀어나온 삼각형을 다른 쪽 끝으로 옮겨 보세요. 그림 (나)에서처럼 직사각형 모양이 되죠? 이때 평행사변형의 밑변은 직사각형의 가로와 똑같고, 높이는 직사각형의 세로와 똑같아요. 따라서 '평행사변형의 넓이 = 밑변×높이'라는 공식이 만들어져요.

이번에는 삼각형의 넓이 구하는 공식을 알아볼게요. 왜 삼각형의 넓이를 구할 때는 '나누기 2'를 해 줘야 할까요? 그건 그림 (라)에서

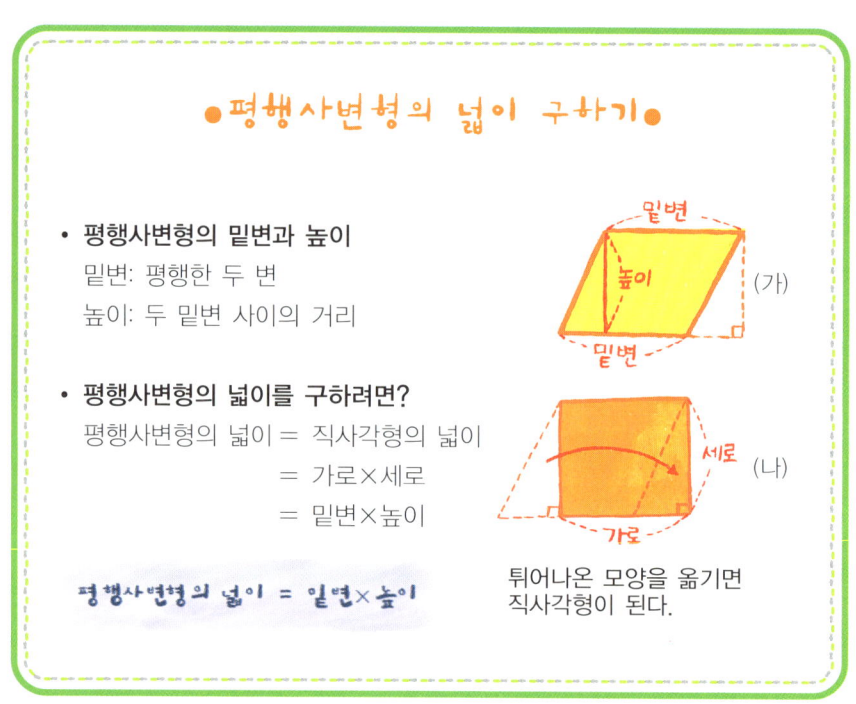

처럼 평행사변형이 두 개의 삼각형으로 이루어지기 때문이에요. 평행사변형을 대각선 방향으로 자르면 똑같은 크기의 삼각형 두 개가 만들어져요. 삼각형의 넓이는 평형사변형 넓이의 절반이 되니까 평행사변형의 넓이를 구한 뒤 2로 나눠 줘야 하는 거예요.

한편 사다리꼴의 넓이는 두 가지 방법으로 구할 수 있어요. 먼저, 78쪽의 그림 (나)에서처럼 사다리꼴에 대각선 방향으로 선을 하나 그으면 삼각형이 두 개 생겨요. 두 삼각형의 넓이를 구해서 더해 주면

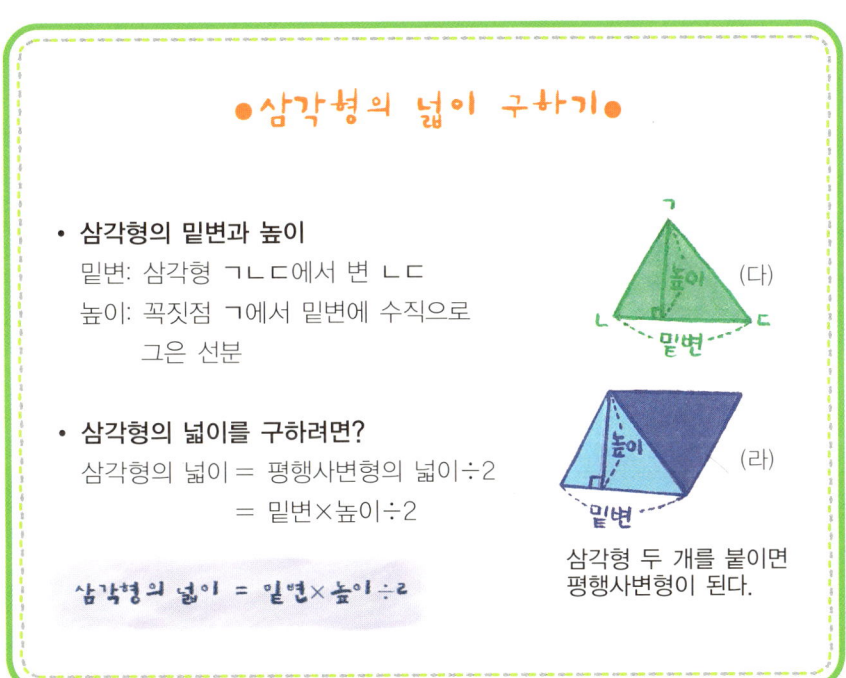

● 삼각형의 넓이 구하기 ●

• **삼각형의 밑변과 높이**
  밑변: 삼각형 ㄱㄴㄷ에서 변 ㄴㄷ
  높이: 꼭짓점 ㄱ에서 밑변에 수직으로
  　　　그은 선분

• **삼각형의 넓이를 구하려면?**
  삼각형의 넓이 = 평행사변형의 넓이÷2
  　　　　　　 = 밑변×높이÷2

  삼각형의 넓이 = 밑변×높이÷2

(다)
(라) 삼각형 두 개를 붙이면 평행사변형이 된다.

사다리꼴의 넓이가 되지요.

두 번째 방법은 똑같은 모양의 사다리꼴이 하나 더 있다고 생각하는 거예요. 그림 (다)에서처럼 두 사다리꼴을 이어 붙이면 평행사변형 모양이 되지요? 평행사변형의 넓이를 구한 뒤 2로 나눠 주면 사다리

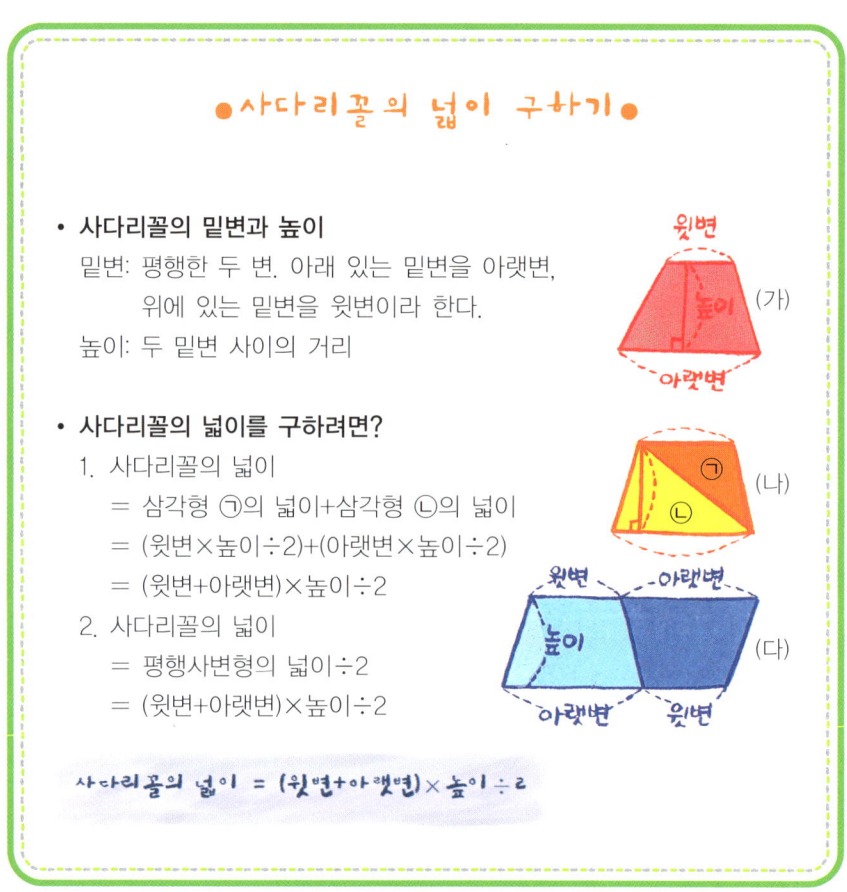

● 사다리꼴의 넓이 구하기 ●

- 사다리꼴의 밑변과 높이
  밑변: 평행한 두 변. 아래 있는 밑변을 아랫변, 위에 있는 밑변을 윗변이라 한다.
  높이: 두 밑변 사이의 거리

- 사다리꼴의 넓이를 구하려면?
  1. 사다리꼴의 넓이
     = 삼각형 ㉠의 넓이+삼각형 ㉡의 넓이
     = (윗변×높이÷2)+(아랫변×높이÷2)
     = (윗변+아랫변)×높이÷2
  2. 사다리꼴의 넓이
     = 평행사변형의 넓이÷2
     = (윗변+아랫변)×높이÷2

사다리꼴의 넓이 = (윗변+아랫변)×높이÷2

꼴의 넓이가 돼요.

《구장산술》에는 이처럼 다양한 도형의 넓이를 구하는 문제가 나와 있어요. 아래 문제는 삼각형의 넓이와 사다리꼴의 넓이를 묻고 있어요. 방금 배운 내용을 바탕으로 여러분이 직접 풀어 보세요.

> 이등변삼각형 모양의 밭이 있는데, 아랫변이 12보, 높이가 21보이다. 밭의 넓이는 얼마인가? 　　－《구장산술》25번 문제

> 직각사다리꼴 모양의 밭이 있는데, 윗변은 30보, 아랫변은 42보, 높이는 64보이다. 밭의 넓이는 얼마인가?
> 　　－《구장산술》27번 문제

《구장산술》에는 이뿐 아니라 원 모양, 활꼴 모양, 도넛 모양, 언덕 모양 등 다양한 도형의 넓이를 구하는 문제가 실려 있어요. 너비와 높이가 분수로 이루어진 밭의 넓이를 구하는 문제도 있지요. 그 옛날에 이런 계산을 할 줄 알았다니, 정말 놀랍지 않은가요? 이제부터는 동양 수학을 자랑스러워해도 되겠죠?

되로 주고 말로 받는다

부피 단위

어느 날 동생 집에 놀러 갔는데 조카들이 과자를 먹고 있었어요. 어찌나 맛나게 먹던지 저도 한번 먹어 보았으면 하는 생각이 절로 들더라고요. 하지만 차마 달라는 말을 꺼내지 못하고 군침만 삼키고 있었어요. 그런데 조카가 과자를 불쑥 건네며 "이거 드셔 보세요."라고 말하지 않겠어요? 얼마나 고맙던지, 저는 과자를 얻어먹은 보답으로 조카들이 좋아하는 게임을 하러 가야겠다고 생각했어요. 우리는 집 근처에 있는 마트로 가서 장난감을 구경하고 게임도 했지요. 제 조카들은 과자 두어 개를 주고 좋아하는 것을 실컷 했으니 여러 가지를 얻은 셈이에요. 이처럼 준 것보다 몇 배나 더 큰 대가를 받는 경우에 '되로 주고 말로 받는다.'라는 속담을 써요.

이 속담은 좋은 의미로 사용될 때보다 부정적인 의미로 사용될 때가 더 흔해요. 베풀 줄 모르고 받으려고만 하면 '소탐대실(小貪大失)'할 수도 있거든요. 중국 남북조 시대에 유협(465년~521년)이라는 학자가 펴낸 《신론》에 보면 이런 이야기가 나와요.

> 전국시대 진나라 혜왕이 촉나라를 공격하려 했으나, 산세가 너무도 험해 공략할 수 없었다. 혜왕은 계략을 짠 끝에 촉나라 왕의 욕심을 이용하기로 했다. 혜왕은 진짜 소처럼 돌로 소를 만들어서 꽁무니에만 금을 붙이도록 명령했다. 그러고는 진나라에 금 똥을 누는 소가 있는데, 진나라의 혜왕이 이를 촉나라 왕에게 주고 싶어 한다는 소문을 퍼뜨리게 했다. 촉나라 왕은 이 소식을 듣고 몹시 기뻐하여, 부하들에게 금 똥 누는 소를 데리고 오라 명했다. 진나라의 혜왕과 신하들은 촉나라에서 소를 끌고 가는 것을 몰래 지켜보면서 촉나라로 들어가는 길을 알아냈다. 그리고는 즉각 군대를 출동시켜 촉나라를 멸망시켰다.

결국 촉나라는 망하고 왕은 체포되었으니, 유협은 이를 가리켜 '작은 이익을 탐하다가 되레 큰 이익을 잃어버린 꼴이다.'라고 말했어요. 여기서 소탐대실이란 사자성어가 나왔지요.

 옛사람들의 부피 단위, 되와 말

'되로 주고 말로 받는다.'라는 속담에는 되와 말이라는 부피 단위가 쓰였어요. 되와 말은 우리 선조들이 사용한 부피 단위예요. 길이 단위를 배우며 살펴본 것처럼 우리 선조들은 황종관을 기준으로 한 단위 체계를 가지고 있었어요. 부피 단위인 홉은 손으로 한 줌 쥔 정도의 부피이고, 되는 양손 가득 담아 올린 정도의 부피예요. 열 되는 한 말과 같고, 열 말은 한 섬과 같아요.

되가 열 개 모이면 한 말이 되니, '되로 주고 말로 받는다.'라는 말은 자기가 준 것보다 열 배를 더 돌려받는다는 의미예요. '한 되 주고 한 섬 받는다.'라는 속담은 백 배만큼 더 받아 간다는 뜻이 되겠네요.

비슷한 속담으로 '아홉 섬 추수한 자가 한 섬 추수한 자더러, 그 한 섬 채워 열 섬 만들어 달라고 한다.'라는 말도 있어요. 올해 농사가 잘 안돼서 한 섬도 겨우 추수했는데, 아홉 섬을 거두어 간 사람이 그것마저 빼앗으려 들면 어떻겠어요? 남의 사정은 전혀 봐주지 않고, 오로지 제 욕심만 가득 채우려는 사람이나 행동을 두고 이런 속담을 써요. 예를 들어 악덕 사채업자가 도저히 이치에 맞지 않는 이자를 받아 가려고 할 때, 이 속담을 쓰면 되겠지요.

리터와 세제곱미터

우리나라에서는 삼국시대부터 부피 단위를 쓰기 시작했어요. 중국으로 유학 간 학자들이 '되'라는 단위를 배워 왔지요. 되라는 부피 단위도 시대마다 가리키는 양이 달랐어요. 가장 최근의 기준에 따르면 한 되는 약 1.8리터와 같아요.

홉　　되　　말　　섬

그런데 리터는 또 어떤 단위일까요? 리터는 미터법에서 사용하는 공식 부피 단위예요. 큰되는 1.8리터를 가리키고, 절반은 작은되로 부르기도 했어요. 우리가 주로 사 마시는 음료수나 생수 페트병 중에는 1.8리터짜리가 많은데 이는 오래전부터 익숙하게 써 오던 되라는 단위에 영향을 받았기 때문이지요.

미터법에서 사용하는 부피 단위에 리터만 있는 것은 아니에요. 넓이 단위에 제곱미터를 썼다면 부피 단위로는 세제곱미터를 써요. 제곱미터가 미터를 두 번 곱한 것이니, 세제곱미터는 미터를 몇 번 곱한 것일까요? 맞아요, 미터를 세 번 연이어 곱한 단위예요.

사전을 보면 부피는 '넓이와 높이를 가진 물건이 공간에서 차지하는 크기' 또는 '입체가 차지하는 공간의 크기'라고 돼 있어요. 이게 무슨 뜻일까요? 공간은 우리가 숨 쉬고 살아가는 곳이에요. 하늘이 있고, 땅이 있고, 집과 학교가 있고, 자동차와 강아지가 달리고, 비행기와 새가 나는 곳이지요. 이곳에 가로와 세로만 있나요? 아니에요. 가로, 세로에 더해 높이가 있지요. 이처럼 세 가지 차원이 있는 공간을 3차원이라고 해요. 가로와 세로만 있는 2차원은 평면, 가로와 세로와 높이가 있는 3차원은 입체이지요.

컵, 밥그릇, 양동이, 빵, 케이크, 컴퓨터, 텔레비전, 축구공 등 우리가 주변에서 마주하는 대부분의 것들이 넓이와 높이가 있는 입체예요. 이런 입체가 차지하는 크기가 바로 부피이고요. 따라서 부피는 가로와 세로와 높이를 곱한 값이에요. 미터가 가로, 세로, 높이에 세 번 들어가기 때문에 부피의 단위는 세제곱미터이지요.

세제곱미터는 씨씨(cc), 밀리리터(ml)와 같은 단위라서 서로 바꿔 쓸 수 있어요. 1리터는 1000세제곱센티

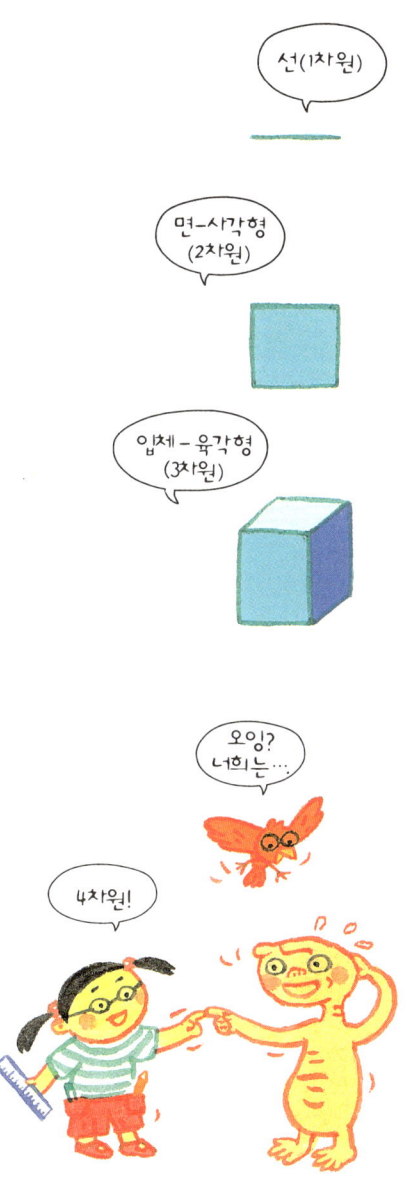

미터와 같고요. 즉 가로와 세로와 높이가 각각 10센티미터인 정육면체의 부피를 1리터라고 보면 돼요.

그러면 한 되에 해당하는 부피인 1.8리터는 어느 정도일까요? 1.8리터는 1800세제곱센티미터예요. 그러니 가로 10센티미터, 세로 10센티미터, 높이 18센티미터인 직육면체의 부피를 상상하면 1.8리터의 부피와 똑같아요.

요즘은 되와 말을 쓰는 사람이 거의 없지만, 제가 어릴 적만 해도 이 단위를 자주 사용했어요. 지금은 필요하면 얼마든지 곡식을 한두 포대씩 쟁여 두고 먹을 수 있지만, 가난했던 그 시절에는 그러지 못했거든요. 동네마다 쌀집이 있어서 콩 반 되, 쌀 한 되 하는 식으로 팔았던 기억이 생생해요. 가로와 세로가 10센티미터이고 높이가 18센티미터인 직육면체가 한 되와 같으니, 콩 반 되가 얼마만큼인지 감이 오죠?

암행어사 출두요

우리 선조들이 사용했던 부피 단위를 얘기하면서 유척을 빼 놓고 넘어갈 수는 없어요. 여러분도 "암행어사 출두요."라는 말을 들어본

적 있죠? 고전 소설 《춘향전》에도 등장하는 말이에요.

암행어사가 돼 고향으로 내려오던 이몽룡은, 춘향이가 사또인 변학도에게 봉변을 당해 옥에 갇혔다는 소식을 전해 들어요. 이몽룡은 거지 차림으로 변장해 변학도의 생일잔치에 찾아가지요. 이몽룡이 변학도의 잘못을 거세게 비판하는데, 때맞춰 역졸이 마패를 들고 "암행어사 출두요!"라고 외쳐요. 잔치는 순식간에 아수라장으로 변해요. "암행어사 출두요!"라는 외침에 사또와 잔치에 초대된 사람들이 어찌나 놀랐던지, 《춘향전》은 그때의 상황을 이렇게 묘사하고 있어요.

> 원님은 똥 싸고, 이방은 기절하고, 나머지 아전들은 오줌 싸고, 동헌 안채에서도 물똥을 싼다.

그런데 "암행어사 출두요!"라고 외칠 때 역졸이 마패를 들었다고 했죠? 마패는 뭐하는 데 쓰였을까요? 마패는 관리가 지방에 내려갈 때 말을 이용할 수 있는 신분증 역할을 했어요. 요즘으로 치면 고위 공무원이 기차나 비행기를 무료로 탈 수 있는 신분증이라고 보면 돼요.

조선 시대 관료들이 쓰던 마패에는 종류가 많았어요. 그중에서도 암행어사의 마패는 왕이 친히 내린 것이어서 으뜸이었어요. 마패를 지닌 암행어사는 왕의 명령을 집행하는 사람과 마찬가지이니, 암행어사가 왔다는 외침이 들리면 온갖 비리를 일삼던 탐관오리들이 혼비백산해서 줄행랑치기 바빴지요.

암행어사는 마패 말고도 유척이라는 물건을 지니고 다녔어요. 유척은 쉽게 생각해 막대자와 같은 물건이었어요. 그 무렵 각 지방의 탐관오리들은 세금을 마음껏 거두어들이며 백성들을 괴롭혔거든요. 예를 들어, 새로 부임한 사또가 예전보다 두 배 커진 되로 쌀을 거둔다고 생각해 봐요. 작년에도 세금으로 열 되를 거두고, 올해도 세금으로 열 되를 거두었다면 겉으로 보기에는 세금이 오르지 않은 것처럼

보여요. 하지만 되의 크기가 두 배 커졌으니, 실제로는 곱절이나 많은 쌀을 거둔 셈이지요. 사또는 국가에 바치고 남은 쌀을 자기 혼자 다 차지하며 사리사욕을 채웠어요. 왕은 이처럼 부정부패한 관리가 적지 않다는 사실을 알고, 암행어사를 몰래 내려보낸 거예요.

암행어사는 세금을 거둘 때 쓰는 되의 크기가 적절한지를 재야 하니 자가 꼭 필요했어요. 이때 암행어사가 지니고 다닌 자가 바로 놋쇠로 만든 유척이에요. 유척 덕분에 암행어사는 탐관오리가 도량형을 속여 세금을 많이 거두지는 않는지 검사할 수 있었어요. 그뿐만 아니라 형벌에 사용하는 몽둥이가 너무 두껍거나 길지는 않은지, 목에 거는 칼이며 여러 형틀이 크고 무겁지는 않은지도 함께 조사했지요.

배럴은 어느 정도의 양일까?

미터법의 공식 단위는 아니지만, 우리가 기억해야 할 부피 단위가 한 가지 더 있어요. 바로 석유의 부피를 표현할 때 쓰는 배럴(barrel)이라는 단위예요.

제가 초등학교에 다니던 때였어요. 짜장면값부터 시작해 옷값, 이발 요금에 이르기까지 모든 물가가 껑충껑충 뛰었어요. 잠자고 일어나면 물건값이 달라져 있을 정도였고, 며칠 만에 두 배, 세 배씩 가격이 뛰어올랐지요. 그건 다 석유 파동 때문이었어요. 중동 지방에 전쟁이 나서 석유 공급이 원활해지지 않자 석유값이 마구 올랐거든요.

배럴당 3달러 내외였던 원유 가격이 불과 두세 달 만에 네 배나 폭등했어요. 이 때문에 세계 경제가 휘청휘청했고, 우리나라도 물가 상승률이 1년 만에 24.8퍼센트로 하늘 높은 줄 모르고 치솟았어요. 물가가 이만큼 올랐다는 건 1년 전에 1만 원을 주고 사던 물건을 지금은 1만 2480원을 주고 사야 한다는 뜻이에요.

1973년에 시작된 석유 파동은 1975년까지 이어졌고, 1978년에 2차 석유 파동이 나면서 세계 경제가 다시 한 번 흔들렸어요. 이때는 배럴당 13달러대였던 석유값이 39달러까지 무섭게 올랐어요.

최근에는 세계 곳곳에서 석유가 유출되면서 바다가 심각하게 오염되는 사건들도 생겨나고 있어요. 우리나라도 2007년에 태안 기름 유출 사고로 혹독한 경험을 했어요. 2010년 4월 20일에는, 미국 루이지애나 주 멕시코 만에 설치된 석유 시추 시설이 폭발하는 사상 최악의 사건이 발생했어요. 엄청난 양의 원유가 바다로 흘러들었고, 급기야 하루에 6만 배럴까지 배출되기에 이르렀지요. 이는 무려 935만 리터가 넘는 양이었어요. 이런 경험은 우리에게 석유가 가진 무서움과 중요성을 새삼 일깨워 주었어요. 그리고 석유가 배럴이란 부피 단위로

2010년 미국 멕시코 만의 석유 시추 시설이 폭발해 스물아홉 명이 죽거나 다치는 피해를 입었고, 5개월 동안 엄청난 양의 원유가 바다로 흘러들었다.

측정된다는 사실도 더 많이 알려졌고요.

그런데 왜 미터법에 속하지 않는 배럴이라는 단위를 아직도 쓰는 걸까요? 배럴은 사실 야드파운드법의 단위예요. 오늘날 세계 표준 단위가 미터법으로 정해졌는데도 석유의 부피는 야드파운드법으로 표현되고 있어요. 이는 세계의 커다란 정유 회사들이 미국과 영국 회사이기 때문이에요. 석유 1배럴은 158.9리터, 즉 159리터 가량이에요.

91

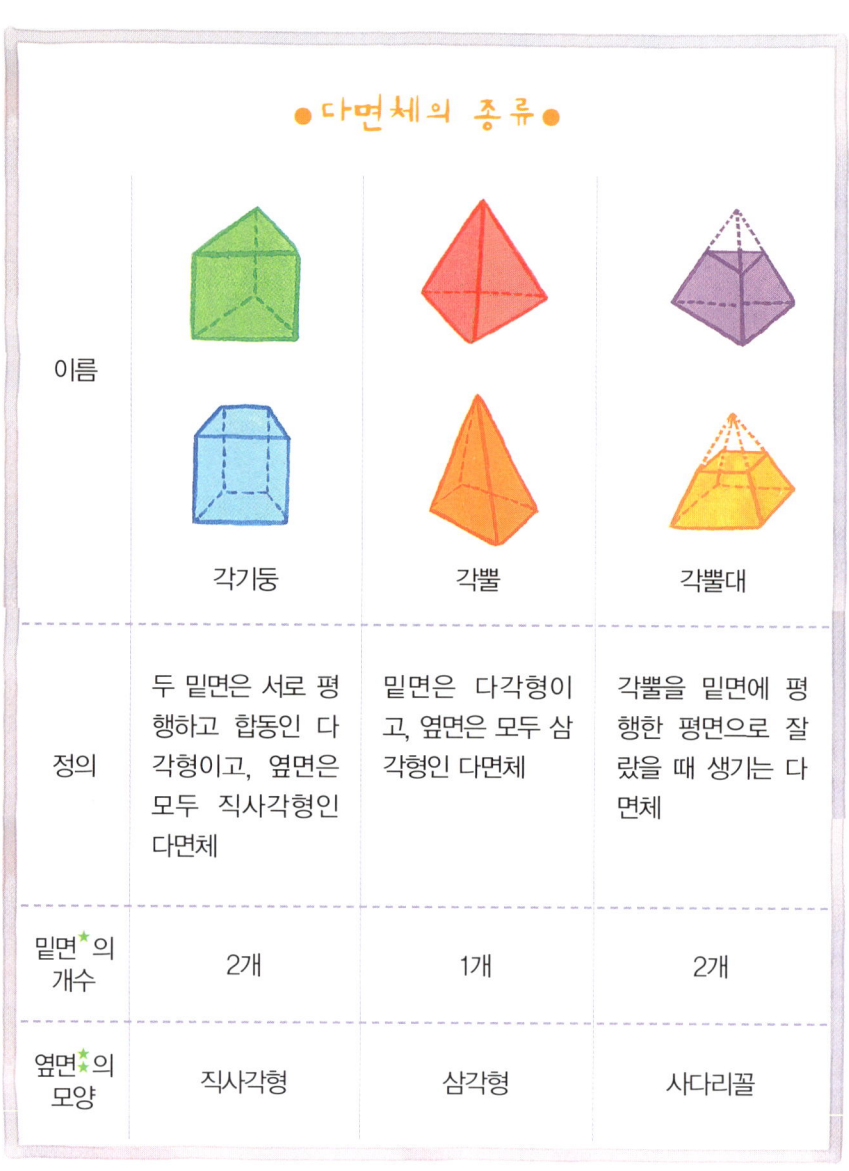

● 다면체의 종류 ●

이름	각기둥	각뿔	각뿔대
정의	두 밑면은 서로 평행하고 합동인 다각형이고, 옆면은 모두 직사각형인 다면체	밑면은 다각형이고, 옆면은 모두 삼각형인 다면체	각뿔을 밑면에 평행한 평면으로 잘랐을 때 생기는 다면체
밑면*의 개수	2개	1개	2개
옆면**의 모양	직사각형	삼각형	사다리꼴

★ 밑면 – 서로 평행한 두 면   ★★ 옆면 – 밑면이 아닌 면

3차원 세상의 입체 도형

앞에서 2차원과 3차원에 관한 이야기를 나눴으니, 입체 도형을 더 자세히 알아보기로 해요. 입체 도형에 대해서는 5학년과 6학년 때 배우고 중학교 수학 시간에도 더 자세히 다룰 거예요.

여러분이 배우는 도형들 가운데에는 평면 도형도 있고, 입체 도형도 있어요. 원처럼 넓이만 있는 도형은 평면 도형이지만, 공(球)처럼 가로와 세로와 높이가 있는 3차원 도형은 입체 도형이지요. 입체 도형의 종류에는 다면체와 정다면체, 회전체가 있어요.

먼저 다면체는 삼각형, 사각형과 같은 다각형으로 둘러싸인 입체 도형이에요. 왼쪽의 표에서 보는 것처럼 다면체에는 각기둥, 각뿔, 각뿔대 등이 있어요.

다면체 중에서도 면이 모두 정다각형이면 정다면체라고 불러요. 흔히 보는 주사위 모양의 정육면체가 바로 정다면체에 속하지요. 정다면체의 '정(正)'이라는 글자는 크기와 모양이 똑같다는 뜻이에요. 정사면체는 똑같은 삼각형 네 개, 정육면체는 똑같은 사각형 여섯 개, 정팔면체는 똑같은 삼각형 여덟 개, 정십이면체는 똑같은 오각형 열두 개, 정이십면체는 똑같은 삼각형 스무 개로 이루어져 있어요.

정다면체는 다음 세 가지 규칙을 지켜야 해요.

정육면체 　　　　　　　　　 정육면체의 전개도

1. 면이 모두 정다각형이다.
2. 면의 모양과 크기가 모두 같다.
3. 한 꼭짓점에 모이는 모서리의 수가 모두 같다.

위의 정육면체를 보면서 쉽게 배워 볼까요? 정육면체는 면이 여섯 개로 모두 정사각형 모양이에요. 1번 조건을 충족하지요. 각 사각형의 면 모양과 크기가 같으므로 2번 조건도 충족해요. 마지막으로 한 꼭짓점에 모이는 모서리의 개수가 모두 세 개로 같으니 3번 조건도 충족해요.

한편, 회전체는 평면 도형을 한 바퀴 회전시켜서 생기는 입체 도형이에요. 공책을 세운 뒤 심이 있는 부분을 회전축으로 삼아 한 바퀴 돌려 보세요. 어떤 모양의 도형이 생기나요? 맞아요, 원기둥이 생겨

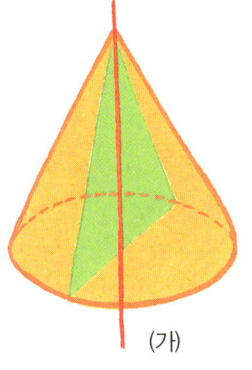
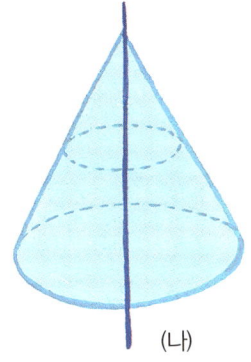

(가)　　　　　　　　　(나)

요. 원뿔, 원기둥, 구가 회전체에 속해요.

　정다면체와 마찬가지로 회전체에도 특정한 성질이 있어요. 위 그림 (가)처럼 회전체를 회전축 방향(세로 방향)으로 잘라 보세요. 단면이 두 개 생기는 게 보이죠? 원뿔 모양의 회전체는 세로 방향으로 잘랐을 때 크기와 모양이 똑같은 삼각형 단면이 두 개 생겨요. 이처럼 회전체는 회전축을 사이에 두고 자르면 서로 대칭이고 합동을 이루는 두 다각형이 생기는 성질이 있어요.

　다음으로 그림 (나)처럼 회전체를 회전축에 수직인 방향으로 자르면 원 모양이 생겨요. 회전체는 회전축을 중심으로 둥글게 돌린 것이라서 회전축에 수직으로 자르면 언제나 원이 나와요.

　입체 도형에 대해서 조금 이해가 됐나요? 이렇듯 부피란 3차원 공간에서 어떤 대상이 차지하는 크기를 나타낸다는 것을 잊지 마세요.

남아일언 중천금

무게 단위

　세상에는 약속을 잘 지키지 않는 어른들이 참 많아요. 저도 어른으로서 이런 얘기를 하는 것이 창피하지만, 반성하는 뜻으로 말하는 거예요. 오랜만에 만난 사람에게 "다음에 연락할게. 식사 한번 하자."라고 말해 놓고 지키지 않는 경우부터 정말 중요한 약속을 해 놓고 책임지지 않는 경우까지, 약속을 어기는 일이 너무나 많아요. 이런 일이 반복되면 다른 이에게 피해를 줄 뿐 아니라 자신의 신뢰도 와장창 무너지게 되지요.

　이런 어른은 '남아일언 중천금(男兒一言 重千金)'이라는 속담을 곱씹어 볼 필요가 있어요. 남자는 자신이 한 약속을 천금같이 중하게 여겨서 반드시 지켜야 한다는 뜻이에요.

여기서 천금이란 천 개의 금덩어리라는 말이에요. 금은 예나 지금이나 비싸고 귀한 대접을 받는 금속이니 천금의 가치란 실로 대단하겠죠? 약속이 그만큼 중요하다는 뜻이에요. 약속은 신뢰의 문제라서, 약속을 자주 지키지 않으면 거짓말을 밥 먹듯 하는 것과 크게 다를 바 없어요. 그러니 이 속담을 비단 남자에게만 쓸 필요는 없어요. 남자 여자, 어른 아이 할 것 없이 다른 사람에게 한 약속은 반드시 지켜야 한답니다.

옛날 중국 초나라 때 계포라는 사람이 있었어요. 계포는 젊었을 때부터 약속을 소중히 여겨서 한번 약속한 말은 끝까지 지켰어요. 한나라의 유방이 초나라를 멸망시킨 뒤 계포를 잡으려고 현상금을 걸었지만, 계포를 밀고하는 사람은 아무도 없었다고 해요.

이처럼 두터운 신의를 얻은 계포를 보고 사람들은 '황금 백 냥을 얻는 것보다 계포에게 한마디 약속을 받는 게 더 값지다.'라고 했어요. 여기서 약속의 중요성을 일깨워 주는 '계포일낙(季布一諾)'이라는 고사성어가 나왔어요. 계포일낙은 한번 말한 것은 반드시 지킨다는 뜻이에요.

그런데 황금 백 냥보다 값지다는 계포의 약속에 값을 매기면 어느 정도가 될까요? 오랫동안 무게 단위로 쓰여 온, '냥'이라는 단위를 알아보도록 해요.

 무게와 질량의 차이

　미터법의 공식 단위이자 우리가 가장 흔하게 쓰는 무게의 단위는 밀리그램(mg), 그램(g), 킬로그램(kg), 톤(t)이에요. 1000밀리그램은 1그램, 1000그램은 1킬로그램, 1000킬로그램은 1톤과 같아요. 단위마다 1000씩 차이가 나지요. 1톤은 미터톤이나 메트릭톤이라고도 불러요.

　무게란 물건의 무거운 정도인데, 쉬워 보이는 이 말 속에 실은 굉장히 중요한 의미가 담겨 있어요. 어떤 물건의 무거운 정도는 상대적이거든요. 상대적이라는 말은 늘 똑같지 않고, 상황에 따라 변한다는 뜻이에요. 예를 들어 갓난아기는 사과 하나를 들기도 어렵지만, 성인 남성은 사과를 상자째 거뜬히 들잖아요. 이처럼 무게는 환경이나 조건에 따라 달라지는 값이에요.

　질량은 무게와는 조금 다른 개념이에요. 질량은 물체의 고유한 양으로 어디서 재든 변하지 않는 값이에요. 우리는 일상생활에서 무게와 질량의 개념을 구분하지 않고 써요. 몸무게를 잴 때도 50킬로그램, 60킬로그램이라고 말해요. 하지만 과학적으로 엄밀히 말하면 킬로그램은 무게 단위가 아니라, 질량의 단위라고 해야 해요. 무게를 말할 때는 킬로그램중(kgf 또는 kgw)이라고 해야 하지요. 무게는 중력에 따라 달라지는 값이기 때문에 '중'이라는 말을 뒤에 붙여 줘야 하는 거예요.

에베레스트 산에서 몸무게가 줄어드는 이유는?

그런데 중력이 무엇이기에 무게에 영향을 주는 걸까요? 중력은 지구가 물체를 끌어당기는 힘이에요. 질량을 가진 모든 물질은 서로 끌어당기는 힘을 가지는데, 이를 만유인력이라고 해요. 인력, 즉 끌어당기는 힘은 질량이 클수록, 그리고 물체 사이의 거리가 가까울수록 세요. 지구는 사과나 볼링공에 비하면 질량이 어마어마하게 크죠? 그러니까 끌어당기는 힘도 매우 강해요. 중력 덕분에 나뭇가지에서 떨어진 사과가 하늘로 날아가지 않고 땅으로 떨어져요. 우리도 땅바닥에 붙어서 뚜벅뚜벅 잘 걸어 다닐 수 있고요.

달은 어떨까요? 여러분도 달에 간 우주인들이 지구에서와 달리 사뿐사뿐, 가볍게 걷는 걸 본 적이 있을 거예요. 그건 달이 지구보다 중력이 낮기 때문이에요. 사실 우주인들이 입고 있는 우주복은 지구에서 재면 100여 킬로그램중 남짓 될 정도로 아주 무거워요. 우주 공간의 압력과 온도를 견디려고 수십 겹으로 만든 데다 산소 공급 장치 같은 특수 기기가 달려 있거든요. 하지만 달의 중력이 지구보다 약하기 때문에, 달에서는 이런 우주복을 입고도 사뿐히 걷는 거예요.

달의 중력은 지구의 6분의 1 정도라서, 달에서 잰 무게는 지구에서 잰 무게의 6분의 1 정도밖에 안 돼요. 하지만 질량은 지구에서든 달에서든 바뀌지 않아요. 지구에서 몸무게가 60킬로그램중이었던 사람이 달에서 10킬로그램중밖에 안 나간다고 해서, 그 사람이 아예 다른 사람이 된 건 아니잖아요. 그러니까 질량은 물체가 가진 고유한 값, 변하지 않는 값을 의미해요.

여러분도 달에 가서 몸무게가 덜 나가는, 가벼운 사람이 되어 보고 싶다고요? 언젠가는 아무렇지도 않게 우주를 여행하는 날이 올지 몰라요. 고속 열차를 타고 서울에서 부산으로 2시간 15분여 만에 오가는 것처럼요.

그때는 여러분도 무중력 우주선 안을 둥둥 떠다니며 이동

하고, 달 표면을 사뿐사뿐 걷는 경험을 할지 모르겠네요.

그런데 굳이 머나먼 달까지 가지 않아도 중력에 따른 무게 변화를 느끼는 방법이 있어요. 에베레스트 산 정상에 올라가면 실제로 우리 몸무게가 조금 줄어드는 걸 확인할 수 있거든요! 아까 인력의 특징 중 하나가 물체 사이의 거리가 가까울수록 세지고, 멀수록 약해지는 거라고 했지요? 에베레스트 산은 해발 8848미터로 지구의 중심에서 멀리 떨어져 있어요. 그래서 중력의 영향을 덜 받는 거예요.

엄밀히 말하면, 앞으로 우리가 나눌 이야기에서도 무게에 전부 킬로그램중이라는 단위를 붙여야 해요. 하지만 중력의 존재를 몰랐던 옛 시대에는 질량과 무게의 차이도 알지 못했어요. 그리고 일상생활에서는 무게와 질량을 같은 개념으로 사용해도 크게 문제가 되지 않고요. 다만 수학 시간이나 과학 시간에는 이 둘을 잘 구별해 써야 할 때가 있어요. 그때는 무게와 질량의 개념을 헷갈리지 말도록 해요.

옛날의 무게 단위 '근'과 '냥'

무게와 질량의 차이점도 배웠으니, 이제 황금 백 냥의 무게를 구해

보기로 해요. 옛날에 쓰던 무게 단위로는 약, 냥, 근, 균, 섬 등 여러 가지가 있어요. 하지만 우리 선조가 주로 사용한 단위는 냥과 근이었어요. 예전에는 곡식의 무게를 굳이 저울을 이용해 정밀하게 달 필요가 없었어요. 부피를 재는 되나 말을 이용해서 측량하는 게 훨씬 편리했지요. 게다가 옛 시대에 쌀 한 포대 이상의 무거운 무게를 정확하게 재는 저울을 만들기도 쉽지 않았고요.

하지만 금이나 은 같은 귀금속, 한약에 들어가는 약재 등은 정밀하게 잴 필요가 있었어요. 귀하고 비싼 것이라서 많은 양을 사고팔기보다 한 줌이나 그 이하의 단위로 사고파는 경우가 흔했거든요. 이때는 주로 천칭 같은 작은 저울을 사용했는데, 그 양이 근과 냥으로 표현하기 적당한 정도였어요. 그래서 근과 냥이 무게의 대표 단위가 되었지요. 한 냥의 무게는 시대마다 달랐는데, 우리나라에서는 일제강점기 때 37.5그램으로 기준을 정했어요. 한 근은 16냥과 같으니 600그램이에요.

그렇다면 계포일낙이라는 고사성어 속 황금 100냥은 얼마를 가리키는 걸까요? 16냥이 한 근과 같으니 100냥은 6.25근이에요. (100냥을 근으로 바꾸는 풀이 과정은 144쪽에서 자세히 살펴보세요.) 그런데 계포는 초나라 사람이고 훗날 초나라는 한나라로 통일됐으니, 지금 기준이 아닌 한나라 때의 기준으로 무게를 계산해야 해요. 한나라에서는 한 근의 양이 248그램, 즉 250그램 가량이었다고 해요.

한나라 때 한 근이 250그램 가량이니, 6.25근이면 1562.5그램이에요. 이 정도 무게가 나가는 금은 값어치가 얼마일까요? 2012년 초, 국제 금값은 1그램당 6만 2700원가량이었어요. 이를 기준으로 계산해 보면 금 1560그램의 가격은 무려 9796만 8750원이에요. 1억 원에 가까운 돈이지요.

따라서 '황금 백 냥을 얻는 것보다 계포에게 한마디 약속을 받는 게 더 값지다.'라는 말은, 계포의 약속 한마디에 1억 원 이상의 값어치가 담겨 있다는 뜻이에요. (100냥에 해당하는 금 6.25근의 값을 우리 돈으로 바꾸는 풀이 과정은 다음 표에서 간략히 살펴볼 수 있어요.)

●황금의 값 구하기●

문제 | 2012년 초, 국제 금값은 1그램당 6만 2700원이다.
황금 6.25근의 값은 얼마일까? (단, 1근은 250그램으로 계산한다.)

① 구하려는 것은 무엇일까요?
황금 6.25근의 값이 얼마인지를 구해야 합니다.

② 문제를 해결하는 데 주어진 조건들은 무엇이 있나요?
1근이 몇 그램인지와 1그램이 얼마인지가 제시되어 있습니다.
1근＝250그램
1그램＝62700원

③ 답을 내기 위해 먼저 알아야 할 것이 있나요?
1그램당 금값은 나와 있지만 1근당 금값은 나와 있지 않으므로
6.25근이 몇 그램인지를 먼저 알아야 답을 계산할 수 있습니다.

④ 먼저 알아야 할 것의 계산 식을 써 보세요.
6.25×250

⑤ 문제의 뜻대로 전체 계산 식을 써 보세요.
(6.25×250)×62700

⑥ 만든 식을 계산해 답을 구하세요.
(6.25×250)×62700＝1562.5×62700＝97,968,750원

답은 97,968,750원(약 1억 원)입니다.

그렇다면 '말 한마디에 천 냥 빚을 갚는다.'라는 속담은 어떨까요? 천 냥은 백 냥의 열 배이니, 말 한마디가 10억 원과 같다는 뜻이에요. 옛사람들이 말을 얼마나 신중하게 해야 한다고 여겼는지 알 수 있어요.

온몸이 천근만근

근은 냥과 더불어 널리 쓰인 무게의 단위예요. 여러분도 힘들게 일하고 나서 엄마나 아빠가 '온몸이 천근만근(千斤萬斤)'이라고 말하는 걸 들은 적이 있을 거예요. 몸이 너무 피곤하거나 좋지 않아 자리에서 일어나기조차 어려울 때, 이 속담을 써요.

천 근이나 만 근은 얼마만큼의 무게일까요? 한나라 때 사용한 기준에 맞추어 한 근을 250그램으로 계산하면, 천 근은 250킬로그램이고 만 근은 2500킬로그램이에요. 이는 보통 어른의 몸무게보다 수 배에서 수십 배나 되는 무게이지요. 몸이 이렇게 무거우면 움직이기도 너무 어려워서, 한 발자국도 떼지 못할 거예요.

삼국지에 나오는 의리의 장수 관우(?~219년)는 천 근까지는 아니더라도 82근이나 되는 칼을 들고 다녔다고 해요. 관우는 신장이 9척에 수염 길이는 2자였어요. 관우가 활약한 시대인 한나라의 단위를 기준으로 해서 바꿔 보면, 키가 2미터가 넘고 수염 길이도 60센티미터나 됐다는 이야기예요. 관우는 얼굴이 홍시처럼 붉고, 입술은 기름을 바른 듯 매끈하고, 눈은 붉은 봉황을 닮았으며 눈썹에 누에가 누운 듯한 외모를 지녔다고 해요.

관우가 들고 다닌 칼은 대장간에서 특수 제작한 청룡언월도(靑龍偃月刀)라는 칼로, 무게가 82근이었어요. 한나라 때 한 근이 250그램이었으니, 청룡언월도는 무려 20킬로그램이나 나갔다는 뜻이에요. (청룡언월도의 무게 구하는 과정은 145쪽에서 자세히 살펴보세요.) 마트나 쌀집에 가면 20킬로그램씩 포장한 쌀이 있는데, 그냥 들어 올리기도 쉽지 않아요. 그런데 그 쌀 한 포대를 옆구리에 차거나 한 손으로 쥐고

휘두른다고 상상하면 어마어마하지 않나요? 보통 사람은 감히 엄두도 내지 못할 일이에요. 관우의 힘이 얼마나 셌을지 상상이 가요.

고기 한 근과 채소 한 근이 달라요

미터법이 처음으로 권장된 건 일제강점기인 1905년이었어요. 해방 후 1961년, 우리나라 정부는 미터법을 공식 단위로 정하고 이전에 쓰던 척관법을 쓰지 못하도록 했지요. 하지만 오랫동안 우리에게 친숙한 단위였던 근과 냥은 아직도 그 흔적이 많이 남아 있어요.

제가 어릴 때에는 이 단위가 더 자주 쓰였어요. 엄마를 따라 이따금 시장에 가거나 심부름을 하면서 어리둥절했던 기억도 많아요. 어린 제 눈에도 정육점에서 산 돼지고기 한 근과 채소 가게에서 산 채소 한 근의 무게가 다르게 느껴졌거든요. 나중에 알고 보니 고기의 무게를 달 때는 한 근을 600그램으로 하고, 과일이나 채소는 그보다 작은 300그램에서 400그램 정도로 한 거였어요.

근과 냥을 쓰면 이렇게 헷갈리는 경우가 많이 생겨요. 정육점에서 고기 한 근을 주문하면 600그램을 주지만, 삼겹살집에서 고기 한 근을 주문하면 1인분인 200그램이 나와요. 어느 식당에서는 180그램을 한 근으로 내놓기도 하고요. 이처럼 도량형이 뒤죽박죽 쓰이는 모습이 최근까지도 이어지고 있어요.

요즘도 이러니 옛 시대에 도량형이 얼마나 혼란스러웠을지 짐작이 가죠? 특히 나라가 바뀔 때의 혼란스러움이란 이루 말할 수 없었을 거예요. 고려가 망하고 조선이 세워질 때도 그랬다고 해요. 어느 지방에서는 고려의 도량형을 계속 고집하고 어느 지방에서는 새로운 도량형을 쓰니 엄청난 혼란이 빚어졌어요. 《세종실록》에 그때의 분위기가 잘 나타나 있어요.

> 쌀을 파는 상인이 많은 이익을 얻기 위해 사람을 속이려 듭니다. 쌀을 살 때는 크기가 큰 말과 되를 이용하고, 팔 때는 크기가 작은 말과 되를 사용하고 있습니다. 모래와 돌을 섞어서 팔기도 합니다. 그런 몹쓸 짓을 하고도 바로 숨기기 때문에, 시장 거래에 익숙하지 못한 사람은 도둑을 잡을 길이 없습니다. 심한 경우, 상인들이 아예 패를 짜서 이런 사기를 일삼는 등 날로 횡포가 늘어나서 막기가 힘듭니다.

세종대왕은 이런 혼란을 바로잡기 위해 표준 도량형을 정하려 애를 썼어요. 세종대왕의 이런 노력 덕분에 물건을 사고파는 거래가 안

정을 되찾았고, 과학 기술도 많이 발전해 정확한 측정이 가능해졌어요. 가장 대표적인 예가 바로 측우기예요. 1441년 《세종실록》에도 그 기록이 적혀 있어요.

> 비 온 뒤에 땅을 파서 땅이 젖어 들어간 깊이를 재는 것으로는 비의 양을 정확히 알 수 없었다. 이번에는 구리로 만든 원통형 기구를 궁에 설치하고, 이 속에 고인 빗물을 조사했다.

여기서 말하는 '구리로 만든 원통형 기구'가 측우기예요. 1442년부터는 서울을 비롯해 전국 각지에 측우기를 설치해서 강우량을 측정했어요. 측우기를 설치하기 전에는 비가 내리고 난 뒤 땅을 파서 빗물이 얼마만큼 스며들었는지 일일이 조사했어요. 그러다 보니 작업이 고되고 수치도 정확하지 않았어요. 그러나 측우기를 설치하고 나면서부터는 이런 어려움을 걱정하지 않아도 됐어요. 통에 고인 빗물의 높이를 자로 재서 눈금을 측정하기만 하면 그만이었거든요. 하지만 이런 유용한 측우기도 표준 도량형이 없었더라면 아무 의미가 없었을 거예요. 빗물의 높이를 재는 자가 고을마다 다르면 수치도 저마다 달랐을 테니까요.

조선의 세종대왕이 만든 측우기는 세계 최초의 강우량 측정기예

요. 유럽은 1639년이 되어서야 이탈리아에서 처음 측우기를 쓰기 시작했지요. 프랑스는 1658년, 영국은 1677년부터 측우기로 비의 양을 쟀다고 해요. 우리나라는 유럽보다 200년 이상 앞선 셈이에요.

 금을 재는 무게 단위

돌잔치에 갈 때 어떤 선물이 좋을까요? 예전에는 물어볼 것도 없이

한 돈이나 반 돈짜리 금반지를 가져가고는 했어요. 하지만 금값이 너무 비싸져서 이런 풍속은 점점 사라지게 되었어요.

금의 무게를 재는 돈이라는 단위는 당나라 때부터 쓰였다고 해요. 금을 재는 또 다른 단위로는 관도 있는데, 한 관은 1000돈과 같지요. 우리나라는 일제강점기 때 한 돈이 3.75그램, 한 관이 3.75킬로그램이라고 정했어요. 미터법이 단위의 기준이 된 지 수십 년이 지났지만, 지금도 금은방이나 한약방에서는 돈과 관이라는 무게 단위를 사용하고 있어요.

한편 전 세계 귀금속 거래에서는 온스(oz)라는 단위를 써요. 이는 국제 금 가격을 매기는 금시장협회가 영국 런던에 있기 때문이에요.

1온스는 약 28.35그램과 같아요.

그런데 사람들은 왜 돌잔치 같은 뜻깊은 날에 금반지를 선물해 왔을까요? 그건 금의 값어치가 아주 높기 때문이에요. 금은 인류가 가장 먼저 발견한 금속 중의 하나로, 인류 역사와 함께해 왔다고 해도 지나치지 않아요. 어느 왕조건 금으로 치장한 장식품을 소유했어요. 찬란하고 발전된 왕조일수록 금장식은 더욱 화려했지요. 메소포타미아 문명, 이집트 문명, 인도 문명, 중국 문명, 그리스 문명, 잉카 문명 등이 다 그러했어요.

1492년, 콜럼버스(1451년~1506년)가 신대륙을 찾아 나선 것도 금과 떼 놓고 얘기할 수 없어요. 미지의 세계에서 황금을 구하려는 목적이 가장 컸거든요. 세계 항해를 벌인 사람들은 대부분 금을 발견하려는 목적이 있었어요. 심지어 19세기에는 너도나도 황금을 찾아 일확천금을 벌겠다는 꿈에 부풀어 특정 지역으로 몰리는, 기이한 사회 현상이 생기게 돼요. 이를 두고 '골드러시'라고 해요.

1849년, 미국 캘리포니아 강가에서 적잖은 금이 발견됐어요. 그 소문은 이곳저곳으로 삽시간에 퍼져 나갔어요.

"금이 엄청나게 묻혀 있대!"

"금만 찾으면 나도 부자가 될 수 있어!"

소문을 접한 사람들은 자기도 순식간에 부자가 될 수 있다는 상상에 일이 손에 잡히지 않았어요. 농부는 농기구를 내던졌고, 상인은 가게 문을 닫았고, 군인은 부대를 도망 나왔어요. 젊은 남편들은 금을 한 아름 앉고 돌아오겠다며 아내와 자녀를 두고 집을 떠났어요. 수많은 사람들이 캘리포니아로 몰려들었지요.

금을 캐는 광부를 영어로 마이너(miner)라고 하는데, 사람들이 황금을 찾아 캘리포니아로 몰린 게 1849년의 일이라서 이들을 포티나이너스(forty-niners)라고 불러요. 이때를 기억하며 캘리포니아 주의 샌프란시스코 미식축구팀은 팀 이름을 '샌프란시스코 포티나이너스'라고 지었어요.

너무 많은 사람들이 몰려들었기 때문에, 캘리포니아는 순식간에 대도시로 성장했어요. 그도 그럴 것이 유럽과 중남미 사람들, 중국인까지 들어와 인구가 늘고 경제가 활기를 띠었으니까요. 미국 역사상 이렇게 짧은 기간에 대도시가 된 예는 없다고 해요. 그러나 정작 포티나이너스 중에 진짜로 금을 발견한 사람이나 부자가 된 사람은 거의 없다시피 했어요.

미국 캘리포니아의 골드러시가 일어난 직후, 호주에서도 비슷한 일이 일어났어요. 금을 캐겠다며 수많은 사람들이 호주로 몰려들었거든요. 그런데 그 사람들의 직업은 광부였을까요? 아니에요. 대부분 광업과 아무런 관련도 없는 사람들이었어요. 그때의 분위기를 두고 언론은 이렇게 묘사했어요.

> 황금 열풍이 불면서 도시 전체가 광란에 빠져들고 있다. 사람들은 넋 나간 얼굴로, 금과 관련해 허황된 이야기만 앞뒤가 맞지 않게 늘어놓고 있다.

골드러시에 뛰어들었던 사람들은 대부분 빈털터리가 되었어요. 골드러시는 남들이 하는 말만 믿고, 혹은 분위기에 휩쓸려 너도나도 투기를 저질러서는 안 된다는 교훈을 남겼지요. 그러나 골드러시 덕분에 평범한 서민들도 금을 갖게 되었다는 것은 세계 역사에서 아주 중요한 변화예요. 예전에는 왕족이나 귀족만이 부유함과 아름다움의 상징으로 금을 지녔어요. 금귀고리, 금반지, 금비녀, 금팔찌를 할 수 있는 사람은 많지 않았지요. 하지만 골드러시 이후 금 열풍이 불고 금이 대중화되면서 서민들도 금을 가지게 되었어요.

 변하지 않는 화폐, 금

사람들이 금을 좋아하는 또 다른 이유는 금이 오늘날에도 변함없이 화폐로 기능하기 때문이에요. 옛날 옛적 화폐가 생기기 전에는 물물교환을 했어요. 하지만 물물교환에는 큰 단점이 있었어요. 서로 마음이 맞아야만 물건을 맞바꿀 수 있다는 단점이었지요. 한 농부가 올해 수확한 쌀을 소고기와 맞바꾸려고 하는데, 정작 축산업자는 쌀 대신 옷감을 사고 싶어 하면 어떻겠어요?

하지만 화폐가 생기면서 이 문제는 해결됐어요. 화폐 덕분에 물건의 구매와 판매가 한결 쉬워졌어요. 시장도 번성했고요. 그러나 화폐가 마냥 좋기만 한 것은 아니에요. 지폐와 동전은 어디까지나 사람들이 정한 약속이에요. 그 약속이 신뢰를 잃으면, 돈은 그저 휴짓조각이 되고 말아요. 지금 돈으로 쳐서 100만 원이라고 하면 아주 큰돈이지요. 그런데 갑자기 물가가 엄청나게 뛰어서 아이스크림 하나가 100만 원으로 오르면 어떻겠어요? 통장에 열심히 모아 왔던 100만 원은 고작 아이스크림 하나의 값어치밖에 안 되는, 종잇조각이 되어 버릴 거예요.

우리나라가 20세기 후반에 겪은 IMF를 떠올려 봐요. 한국이 빚더미에 앉자, 어느 나라도 한국 돈의 가치를 예전만큼 인정해 주지 않으려 했어요. 대한민국에서 찍어 낸 돈은 아무리 몇십억, 몇천억이라고 해도 그 가치가 전과 같지 않았지요.

그러나 금은 달랐어요. 금은 변함없이 전 세계 모든 국가가 인정해

줬어요. 그건 금이 가진 특별함 때문이에요. 금은 한 나라의 은행에서 자기 마음대로 찍어 낼 수도 없고, 누구나 가질 만큼 흔하지도 않고, 오랫동안 놔둬도 변하지 않잖아요. 그래서 언제든 최고의 화폐로 인정받고 대접받지요. IMF 때 온 국민이 '금 모으기 운동'을 펼쳤던 것도, 가치가 떨어진 한국 돈 대신 금으로 나랏빚을 갚기 위해서였어요. 요즘도 많은 국가가 금괴를 사 모아 저장해 놓고 있어요. 어떤 경제 위기에도 끄떡없는 최고의 화폐가 금이기 때문이에요.

백 년을 다 살아야 삼만 육천 일

시간 단위

"빨리 어른이 되고 싶어요."

모르긴 몰라도 여러분 또래의 많은 어린이들이 이런 소원을 한 번쯤은 빌어 봤을 거예요. 저도 여러분만 할 때 그랬거든요. 그런데 이런 소원을 빌면 어른들은 이렇게 대답했어요.

"학교 다니면서 공부할 때가 좋은 거란다."

거기서 벗어나고 싶어서 어른이 되고 싶다고 한 건데 지금이 좋은 줄 알라니, 어른들이 우리 마음을 몰라주는 것 같아 섭섭하고 속상했어요. 그런데 막상 제가 어른이 되고 나니, 그 말씀이 다 틀린 건 아니더라고요. 아마 여러분은 "아, 학생의 삶은 너무너무 피곤해!"라고 하소연하고 싶을 때가 많을 거예요. 어른도 그러고 싶은 건 마찬가지

예요. "아, 어른의 삶은 너무너무 피곤해!"라고요. 어른이 되어 자유로워진 것도 많지만 그만큼 책임도 늘었으니까요.

그런데도 빨리 어른이 되고 싶은가요? 너무 조바심 내지는 마세요. 우리말에 '시나브로'란 단어가 있어요. '깨닫지 못하는 사이에 조금씩'이란 뜻이에요. 세월은 시나브로 흐르고 흘러서, 어느 순간 여러분도 어른이 되어 있을 거예요.

어렸을 때는 어른이 되려면 굉장히 오랫동안 기다려야 할 것 같고 시간이 느리게 흐르지만, 일단 어른이 되면 세월이 화살처럼 빠르게 흘러요. 의학

기술의 발달로 평균 수명 100세 시대를 앞두고 있지만, 우리 선조들은 100년이란 시간도 긴 세월이 아니라는 걸 '백 년을 다 살아야 삼만 육천 일'이라는 속담으로 표현했어요. 사람이 아무리 오래 산다고 해도 헤아려 보면 어이없이 짧다는 뜻이에요.

하루, 한 달, 한 해

인류는 하루, 한 달, 한 해로 세월을 셌어요. 즉 시간의 단위는 일, 월, 연이었지요. 동쪽에서 뜬 해가 서쪽으로 진 다음 다시 뜰 때까지를 하루로, 초승달 모양의 달이 보름을 지나 다시 초승달이 될 때까지를 한 달로, 봄 여름 가을 겨울을 지나 다시 봄이 오기까지를 한 해로 했어요. 이런 시간의 흐름에는 걸림돌이 없어요. 오지 말라고 안 오고, 늦게 오라고 늦어지지 않지요. 시간은 자연스레 생기는 자연의 흐름이므로, 황종관이나 기장 같은 특별한 도구가 없어도 자연을 관찰해 대략의 단위를 만들어 낼 수 있었어요.

그런데 지구에는 하루 동안에도 다양한 변화가 일어나요. 어둠이 걷히는 새벽, 해가 뜬 아침, 햇볕이 따가운 한낮, 해가 지려는 황혼, 해가 진 밤이 차례로 지나가지요. 하루의 변화가 이 정도인데 사시사

철을 가진 한 해는 어떻겠어요? 봄 여름 가을 겨울마다 온 자연이 독특한 계절 옷으로 단장할 뿐 아니라, 여름에는 해가 일찍 뜨고 길며 겨울에는 해가 늦게 뜨고 짧아요. 사실 해가 뜨고 지는 시간은 매일 달라져요.

대략의 시간 단위를 만들었다 하더라도 이렇게 낮과 밤이 들쭉날쭉해서야 구체적인 시간은 알기가 어려워요. 길이와 부피와 무게처럼 시간에도 표준 단위가 필요했어요.

하루를 스물네 시간으로 나눈 이집트인

여러분은 시간을 잘 지키나요? 설마 약속 시간에 한 시간씩 늦는 것을 아무렇지도 않게 생각하는 건 아니겠죠? 아까 배운 '남아일언중천금'이란 말처럼 한번 정한 약속은 잘 지키려고 노력해야 해요.

그런데 하루를 아침, 점심, 저녁으로만 구분하다가는 시간을 잘 지키고 싶어도 지키기가 어려워요. 생각해 보세요. 낮에 모임을 갖자고 하면 오전 11시에 도착하는 사람도 있을 테고, 정오에 도착하는 사람, 3시에 도착하는 사람도 있을 거예요. 이런 혼란과 불편함 때문에 하루를 세세하게 나누어야 할 필요성이 생겼어요. 그래서 하루는 스물네 시간이라고 정하게 되었지요.

제일 처음 하루를 스물네 시간으로 나눈 건 고대 이집트인이었어요. 이집트인들은 한 해를 12개월로, 한 달을 30일로 나누기도 했지요. 이집트인들이 어떻게 해서 하루를 스물네 시간으로 나누었는지는 정확히 알려져 있지 않아요. 다만 데칸(decan)이라는 별들의 영향을 받아 정했을 거라고 짐작해 볼 따름이지요. 데칸은 밤하늘에 연달아 떠오르는 열두 개의 별을 가리키는데, 그 별들이 과연 어느 별들이었는지 지금은 알 수 없어요. 단 하나 밝혀진 것은 시리우스뿐이지요.

옛 이집트 사람들은 데칸이 죽은 이의 영혼을 편안히 해 준다고 믿었어요. 그래서 데칸 열두 개가 밤하늘에 차례차례 떠오르는 것을 보고 밤을 열두 시간으로 나누었어요. 그리고 낮도 밤처럼 열둘로 나누었지요. 이렇게 해서 하루 스물네 시간이 탄생하게 되었어요.

한 시간을 60분으로 나눈 사람은 고대 그리스의 과학자, 프톨레마이오스(85년경~165년경)예요. 프톨레마이오스는 자신의 저서 《알마게스트》에 한 시간을 60분으로 표시했는데, 그 기원은 고대 바빌로니아에서 찾아볼 수 있어요. 약 6000년 전 중동에서 꽃핀 문명인 고대 바빌로니아에서는 원의 각도를 360도로 나타내고, 1년을 360일로 보는 60진법을 사용했거든요.

프톨레마이오스는 《알마게스트》에서 천동설을 완성했어요. 옛사

람들은 달과 별이 지구 둘레를 회전한다고 믿었어요. 하늘을 보고 있으면 지구는 가만히 있는데 달과 별이 움직이는 것처럼 보이잖아요. 그래서 지구가 가운데에 있고 천체들이 그 둘레를 돈다고 믿었지요. 이를 '천동설'이라고 해요.

천동설을 믿어 의심치 않았던 과학자들은 천동설을 지지할 근거와 자료를 모으고 이론을 세우려 애썼어요. 프톨레마이오스도 그런 과학자 중 한 명이었어요. 프톨레마이오스는 지구가 둥근 공처럼 생겼고 하늘도 둥근 공 모양이라고 생각했어요. 프톨레마이오스의 생각에 사람이 사는 고귀한 천체인 지구가 움직인다는 건 있을 수 없는 일이었지요. 더군다나 그때는 중력의 개념이 알려지지 않았을 때였어요. 지구가 회전하면 사람, 집, 나무, 소, 개 등이 어떻게 땅 위에 서 있을 수 있겠어요? 그래서 지구는 늘 멈춰 있어야 한다고 본 거예요.

프톨레마이오스는 이런 생각을 '위대한 책'이라는 뜻의 《알마게스트》라는 책으로 펴내 천동설을 체계 있게 완성했어요.

하지만 훗날 이 천동설은 틀렸다는 것이 밝혀졌어요. 태양계의 중심에는 지구가 아닌 태양이 있어요. 지구를 비롯한 나머지 행성들은 태양의 둘레를 공전하지요. 이를 '지동설'이라고 해요.

 미터법과 시간 단위

　인류가 60진법을 시간에 적용한 것은 아주 오래되었어요. 하지만 여러 공식 단위 중에서 유독 시간 단위만 10진법을 따르지 않는 건 신기한 일이기도 해요. 프랑스 혁명 후 미터법이 만들어졌을 때, 혁명 정부는 시간과 달력의 단위도 10진법으로 통일하려고 했어요. 달력은 종교계의 권력을 상징하는 것 중 하나였는데, 혁명 정부는 부패한 종교계를 바꾸고 새로운 세상을 만들고 싶어 했거든요. 사람들은 그동안 종교계가 만들어 온 달력에 맞추어 생활을 꾸리고 교회에 나가고 있었어요. 따라서 달력과 시간을 바꾸는 것이 혁명 정부의 중요한 과제로 떠올랐지요.

　프랑스의 혁명 정부는 10진법에 기초해 새 달력을 만들었어요. 그래서 그동안 7일에 한 번씩 쉬던 것과 달리 10일에 한 번씩 휴일이 돌아왔어요. 새 달력에서는 달 이름도 아름답고 서정적인 이름으로 불렀어요. 단순한 숫자 대신 각 달의 특징을 살린 이름들이었어요. 포도 수확의 달, 안개의 달, 서리의 달처럼요.

　그런데 달력과 시간을 이렇게 수정하고 나니 여러 문제점에 부닥쳤어요. 우선 다른 나라와의 무역에서 시간을 맞추기가 어려웠어요. 이웃 나라는 하루 24시간, 1시간 60분, 1분 60초를 그대로 사용하는

데 프랑스에서만 하루 10시간, 1시간은 100분, 1분은 100초라는 단위를 사용하니 그럴 수밖에요.

시민들도 이런 변화를 달갑지 않게 여겼어요. 농경 행사와 축제의 날짜 등이 전부 뒤죽박죽되어 버렸고, 휴일도 열흘에 한 번뿐이었으니까요. 여러분도 한번 십진법으로 된 달력을 쓴다고 상상해 보세요. 열흘에 한 번씩만 학교를 쉰다면…… 으, 생각만 해도 싫다고요? 이처럼 깨끗한 세상을 만들어 보자는 의도는 좋았지만, 불편과 불만이 높아져 새 달력은 지지를 얻지 못했어요. 달력을 바꾸려던 시도는 결국 실패로 돌아가고 말았지요.

 시간 단위의 기본은 60진법

그런데 여러분은 10진법과 60진법의 차이를 정확히 아나요? 극장 표에 영화 상영 시간이 110분으로 적혀 있어요. 만약 십진법을 바탕으로 시간을 계산한다면 110분은 1시간 10분이라는 말이 되지요. 10진법은 10이 채워질 때마다 단위가 바뀌는 것이니, 1시간은 100분과 같을 거예요. 하지만 실제 우리가 쓰는 시간은 60진법에 기초해 있어요. 60진법에서는 60을 기준으로 자릿수가 바뀌어요. 60분이 1시간과 같으니, 110분이면 1시간 하고도 50분이 더 걸린다는 뜻이에요.

그럼 다음 문제는 어떻게 풀어야 할까요?

> 공항에 도착하니 2시 30분이었습니다. 어머니한테 언제 비행기를 타느냐고 여쭤 보니 출발까지 3시간 45분이 남았다고 했습니다. 비행기 출발 시각은 몇 시일까요?

이러한 시간 문제에서는 1시간이 60분이라는 걸 기억하는 게 가장 중요해요. 그걸 잊고 다른 단위에서처럼 10진법을 썼다가는 엉뚱한 답을 구할 수도 있거든요.

2시 30분일 때 비행기 출발까지 3시간 45분이 남았다고 했어요.

그렇다면 비행기 출발 시각은 2시 30분에서 3시간 45분을 더해 준 값, 즉 5시 75분이에요. 1시간은 60분과 같으니, 75분은 1시간 15분과 같아요. 정확한 비행기 출발 시각은 6시 15분이 되지요.

> 이것저것 구경하고 재미있게 놀다 보니 시간이 훌쩍 흘렀습니다. 어머니에게 다시 여쭤 보니, 비행기 출발 전까지 1시간 35분이 남았다고 합니다. 지금은 몇 시일까요?

지금은 비행기 출발 시각인 6시 15분보다 1시간 35분 앞선 시간일 거예요. 그럼 6시 15분에서 1시간 35분을 빼 주면 되지요. 그런데 15분에서 35분을 뺄 수 없으니, 더 큰 자리의 수인 6에서 내림을 해 줘야 해요. 이때 100을 내려 받으면 안 되겠지요? 1시간은 60분이니 60을 받아 와서 75분에서 35분을 빼 줘야 한답니다. 그러면 지금 시각은 4시 40분이 되지요.

조선 시대 시간의 단위는?

지금은 하루가 스물네 시간이지만, 조선 시대에는 하루가 열두 시진이었어요. 조선 시대 최고의 실학자 연암 박지원(1737년~1805년)이 쓴 《열하일기》에도 열두 시진을 사용한 기록이 남아 있어요.

> 점포 안에 들어가 국수 한 사발, 소주 한 잔, 삶은 계란 세 개, 오이 한 개를 사서 먹었는데, 계산을 해 보니 42닢이었다. 사신 행렬이 막 점포 문 앞을 지나기에 즉시 말고삐를 나란히 하여 따라갔다. 배가 너무 부른 걸 참으며 20리를 갔다. 날이 이미 사시를 향하고 있어 불볕더위의 날씨였지만, 요동에서부터 수많은 버드나무가 하늘을 덮고 그늘을 만들어 주어 그다지 더운지 모르겠다.

해시 – 돼지
21시~23시

술시 – 개
19시~21시

유시 – 닭
17시~19시

신시 – 원숭이
15시~17시

미시 – 양
13시~15시

여기에 보면 '사시'라는 표현이 나와요. 오후 4시 아니냐고요? 아니에요. 조선 시대의 사시란 오전 9시부터 11시까지를 가리켜요. 열두 시진은 우리가 띠라고 부르는 12간지를 이용해서 만든 시간이에요. 하나의 시진은 오늘날의 두 시간에 해당해요.

 ## 우리가 쓰는 달력은 양력

1년은 왜 365일까요? 한 해의 날짜를 계산하는 방법으로 양력과 음력이 있어요. 양력은 지구의 공전을 기준으로 날짜를 정하고, 음력은

오시 – 말
1시~13시

사시 – 뱀
9시~11시

진시 – 용
7시~9시

묘시 – 토끼
5시~7시

인시 – 범
3시~5시

축시 – 소
1시~3시

자시 – 쥐
23시~1시

달의 모양 변화로 날짜를 정해요. 오늘날 우리가 널리 쓰는 달력은 양력이에요.

양력은 고대 이집트에서부터 쓰였어요. 고대 이집트에서는 매년 비슷한 시기에 홍수가 일어나 나일 강이 범람했는데, 그 무렵 항상 시리우스라는 별이 나타났어요. 시리우스는 큰개자리에 속한 별로, 밤하늘의 가장 밝은 별 중 하나예요. 시리우스가 사라졌다가 다시 보이기까지를 헤아리면 365일이었는데, 이집트인들은 이 기간을 1년으로 정했어요.

2000~3000년 후, 로마의 황제 율리우스 시저가 이집트를 방문하고 큰 충격을 받았어요. 율리우스 시저는 1년을 10달로 나누고 총 304일로 계산한 로마력이 세계 최고라고 생각했는데 알고 보니 이집트 달력이 더 우수했거든요. 기원전 45년, 시저는 이집트에서 배운 달력을 바탕으로 율리우스력을 만들었어요. 하지만 율리우스력은 4년마다 하루를 더해야 하고 부활절의 날짜도 번번이 바뀌어 버리는 불편함이 있었어요.

시저가 죽고 1600여 년이 흐른 후, 교황 그레고리 13세가 새로운 달력인 그레고리력을 만들었어요. 그레고리력은 지금 우리가 쓰는 달력의 기초가 되었지요. 그러나 그레고리력도 완벽하지는 않아서, 윤년을 넣어 줘야 해요. 윤년이 뭐냐고요? 자, 이제부터 설명해 줄게요.

지구가 태양 둘레를 도는 데는 365.2422일이 걸려요. 이 기간을 365일로 하고, 12개월로 나누면 한 달은 약 30.4일이에요. 30.4는 30과 31의 중간쯤 되는 숫자이니까 양력에서 짝수 달은 30일, 홀수 달은 31일로 정했어요. 그러면 1년은 총 366일이 되는데, 2월에서 하루를 빼 줘서 365일로 만들었지요.

앗, 그런데 2월은 29일이 아니라 28일이라고요? 짝수 달인 2월에서 하루를 빼면 분명히 29일이어야 하는데 말이죠. 이는 로마 황제 아우구스투스가 2월에서 하루를 더 빼서 자기 생일이 든 8월에 추가

했기 때문이에요. 8월은 원래 짝수 달이라 30일이어야 하는데, 2월에서 빼 온 숫자로 31일이 되었어요. 사실 8월을 가리키는 영어 이름도 아우구스투스의 이름에서 따온 거예요. 어거스트(August)와 아우구스투스(Augustus)를 비교해 보세요. 영문 철자가 비슷하지요?

그런데 1년을 365일로 정하자 문제가 생겼어요. 지구가 실제 태양 둘레를 도는 시간, 즉 365.2422일에 비해 0.2422일의 시간이 부족해진 거예요. 이런 채로 4년이 지나면, 0.2422일이 네 번 모여 1일에 가까워져요. 따라서 그레고리력에서는 4년마다 한 번씩 하루를 더해서 오차를 줄여요. 이를 두고 '윤년'이라고 하지요. 가장 날짜 수가 적은 2월에 하루를 더하기 때문에 2월은 4년에 한 번씩 29일이 돼요.

2012년 달력을 보면 2월이 29일까지 있어요. 2012년이 윤년이라는 뜻이지요. 그럼 2월이 29일이 되는 윤년은 또 언제 돌아올까요? 맞아요, 4년 뒤인 2016년이에요.

 ## 윤달이 생기는 음력

음력은 달의 모양 변화에 맞춘 달력이에요. 양력에 윤년이 있다면, 음력에는 윤달이 있어요. 윤달을 처음 만든 사람은 중국의 요임금으로 알려져 있어요. 중국의 사마천이라는 학자가 쓴 《사기》라는 역사책에 이런 설명이 있어요.

> 요임금은 하늘처럼 인자하고, 신처럼 지혜롭다. 우리가 태양에 의지하는 것처럼 사람들은 요임금에 다가갔고, 세상 모든 것을 촉촉이 적셔 주는 비구름처럼 요임금을 우러러보았다. 요임금은 부자였지만 교만하지 않았고, 존귀했지만 거드름 피우거나 오만하지 않았다. 요임금은 큰 덕을 배풀어 신하와 온 사람들을 친하게 회합시켰다. 요임금은 춘분, 하지, 추분, 동지와 1년 366일을 정했고, 3년에 한 번씩 윤달을 두어 사계절의 오차를 바로잡았다.

요임금은 기원전 20세기 이전의 인물이니, 중국에서는 4000여 년 전에 이미 윤달을 사용하고 있었다는 뜻이에요. 3년에 한 번씩 윤달을 두어 사계절의 오차를 바로잡았다니, 이게 무슨 뜻일까요?

달이 지구를 도는 데는 29.53일이 걸려요. 29.53일은 29일과 30일의 중간쯤이니 음력에서는 홀수 달을 29일, 짝수 달을 30일로 계산해요. 그렇게 하면 1년은 총 354일이에요. 그런데 아까 양력의 계산법에 따르면, 지구가 실제 태양 둘레를 도는 시간은 365.25일이라고 했잖아요. 음력은 양력에 비해 1년에 약 11일 정도 날짜 수가 부족해요. 3년 후이면 33일이 부족해질 테고요. 음력에서는 이런 차이를 바로잡기 위해 3년에 한 번씩 한 달을 추가해 주는데 그게 바로 윤달이에요.

2012년 달력에서 음력 날짜를 찾아보세요. 음력 3월이 두 번 들어 있죠? 즉 2012년은 음력으로 윤달이 있는 해예요.

 ## 계절의 변화를 보여 주는 24절기

달력을 얘기하면서 24절기를 빼고 넘어갈 수는 없겠죠? 24절기에는 우선 계절을 나타내는 절기인 춘분, 하지, 추분, 동지가 있어요. 다음으로는 더위나 추위가 왔다가 물러가는 시기를 알려 주는 소서, 대서, 처서, 소한, 대한이 있고요. 비와 눈이 내리는 시기를 알려 주는 우수, 곡우, 소설, 대설도 있지요. 수증기의 응결 시기를 알려 주는 백로, 한로, 상강, 그리고 만물이 변하는 절기인 경칩, 청명, 소만, 망종도 있어요. 옛사람들은 이 절기를 통해 씨를 파종해야 하는 시기며 농작물이 익는 시기 같은 걸 예측할 수 있었어요.

24절기는 1년을 15일로 나누어서 생겨났어요. 365일을 15일로 나누면 딱 나누어떨어지지 않고 '24.333…'이라는 소수가 돼요. 그래서 절기는 정확히 몇 월 며칠로 떨어지지 않고, '대략 며칠쯤이다.'라고 말하지요.

- 계절의 시작을 나타내는 절기

입춘　2월 4일　　봄의 시작
입하　5월 5일　　여름의 시작
입추　8월 8일　　가을의 시작
입동　11월 8일　　겨울의 시작

- 계절을 나타내는 절기

춘분　3월 21일　　낮과 밤의 길이가 거의 같다.
하지　6월 22일　　낮이 가장 길고 밤이 가장 짧다.
추분　9월 23일　　낮과 밤의 길이가 거의 같다.
동지　12월 22일　낮이 가장 짧고 밤이 가장 길다.

- 기후를 나타내는 절기

소서　7월 7일　　무더위가 시작된다.
대서　7월 23일　한 해 중 무더위가 가장 심하다.

처서	8월 23일	더위가 가시고 선선해진다.
소한	1월 6일	우리나라는 소한에 추위가 가장 심하다.
대한	1월 21일	중국에서는 대한 때 가장 춥다.

• 눈과 비를 나타내는 절기

우수	2월 19일	눈이 녹는다.
곡우	4월 20일	곡식을 기름지게 하는 봄비가 내린다.
소설	11월 23일	눈이 적게 내린다.
대설	12월 7일	눈이 많이 내린다.

• 수증기의 응결 시기를 나타내는 절기

백로	9월 8일	밤에 기온이 내려가 풀잎에 이슬이 맺힌다.
한로	10월 9일	찬 이슬이 맺힌다.
상강	10월 24일	서리가 내린다.

• 만물이 변하는 절기

| 경칩 | 3월 6일 | 겨울잠을 자던 개구리가 깨어난다. |
| 청명 | 4월 5일 | 날씨가 맑고 논밭 둑을 손질하는 봄 농사가 시작된다. |

소만　5월 21일　여름 기운이 나며 식물이 성장한다.
망종　6월 6일　벼, 보리 등 수염이 있는 까끄라기 곡식의 종자를 뿌린다.

우리 속담에는 이런 24절기와 관련된 것이 많아요. 예를 들어 '백로에 비가 오면 십 리 천 석을 늘린다.'라는 속담도 있지요. 백로(白露)는 흰 이슬이라는 뜻으로, 새벽 풀밭에 이슬이 맺히는 무렵을 의미해

요. 여름에서 가을로 넘어가며 밤 기온이 내려가기 시작하는 양력 9월 초순 무렵이지요.

이때는 벼가 여물어야 할 때이기도 해요. 벼는 추워지기 전에 여물어야 낟알이 굵고 튼실해져요. 만약 백로에 서리가 내리면 흉년이 되기에 십상이지요. 그래서 선조들은 백로에 서리 대신 비가 내리면 풍년의 징조로 여기고, 곡식이 십 리마다 천 석씩 늘어난다는 속담을 전했어요.

 ## 모든 것의 기초가 되는 도량형

자, 이제 우리 눈을 우주로 넓혀 볼까요? 천체망원경은 갈릴레이가 17세기 초에 처음으로 발명했어요. 그 이전까지는 맨눈으로 별을 바라보았어요. 옛사람들은 시력이 좋은지 안 좋은지를 별을 바라보며 검사하기도 했어요. 그런 별을 '시력 검사 별'이라고 하는데, 북두칠성도 그 가운데 하나예요.

국자 모양의 북두칠성은 일곱 개의 별처럼 보이지만, 사실은 여덟 개의 별로 이루어져 있어요. 손잡이 끝에서 두 번째 별이 미자르인데, 그 옆에 희미한 별인 알콜이 있거든요. 옛 로마 시대에는 알콜을 보는지 못 보는지를 기준 삼아 군인의 시력을 검사했다고 해요. 그러나 요즘은 아무리 시력이 좋아도 알콜을 찾기 어려워요. 밤하늘이 공해로 찌든 데다가 한밤중에도 여기저기서 새어 나오는 조명이 많아 여린 별빛을 가리기 때문이에요.

알콜이 희미하다 못해 거의 보이지 않는 별이라고 해서 엄청나게 작을 거라고 생각하면 오산이에요. 알콜이 그렇게 보이는 것은 크기가 작아서가 아니라 우리 지구에서 굉장히 멀리 떨어져 있기 때문이거든요. 알콜은 대체 얼마나 멀리 떨어져 있을까요?

지구 위의 모든 거리는 킬로미터 단위로 잴 수 있어요. 지구의 끝에서 끝을 잰다 해도 4만 킬로미터이지요. 하지만 우주는 지극히 넓고 넓어서 킬로미터 같은 단위로는 잴 수가 없어요. 우주의 거리를 잴 때는 이 세상에서 가장 빠른 속도로 움직이는 빛을 이용해야 해요. 빛은 1초 동안 지구를 일곱 바퀴 반이나 돌아요.

하지만 이렇게 빠른 빛조차 우주의 다른 별에 닿으려면 엄청난 시간을 들여야 해요. 지구에서 가장 가까운 별인 켄타우루스 알파별의 빛이 지구에 오는 데만도 4년 이상 걸리거든요. 과학자들은 시간과 거리의 단위를 합쳐 '광년(光年)'이라는 단위를 만들었어요. 광년은 빛이 1년 동안 쉼 없이 내달린 거리에요.

우주의 끝에서 끝까지 가려면 얼마나 걸리는 줄 아나요? 달에 간 아폴로 우주선이나 아틀란티스호 같은 우주 왕복선으로는 수천 년,

아니 수십억 년을 비행해도 절대 닿을 수 없어요. 빛이 한순간도 쉬지 않고 내달려도 약 300억 년을 가야 하거든요.

우와, 우주가 이렇게 넓다니! 놀라운가요? 우리가 이렇게 우주의 크기를 자세히 알 수 있는 것도 도량형 덕분이에요. 광년이라는 단위가 없었다면 우주가 얼마나 크고 넓은지 감도 잡지 못했을 거예요.

도량형이 왜 중요한지 이젠 알았지요? 도량형은 단순히 물건을 교환하고, 논과 밭의 면적을 측정하고, 보리와 팥의 부피를 재거나 금과 약재의 무게를 다는 데만 쓰이는 게 아니었어요. 우리가 알고 있고, 알아야 할 모든 것에 쓰이는 게 도량형이지요. 도량형은 우주의 비밀을 풀고 싶어 하는 인간의 무한한 호기심을 보여 준답니다. 우리는 이제 도량형 지식을 듬뿍 채웠어요. 여러분이 새롭게 배운 도량형으로 수학을 신 나게 즐기기를, 그래서 언젠가는 또 다른 우주의 비밀을 풀기를 바랄게요.

● 함께 풀어 봐요!

책 속에 숨은 단위 바꾸기

★ (59쪽) 400미터를 킬로미터로 어떻게 바꿀까요?

1000m는 1km와 같으니, $\dfrac{1km}{1000m} = 1$입니다.

400m에 1을 곱해도 400m이니, 1 대신에 $\dfrac{1km}{1000m}$를 넣어 보세요.

$400m \times 1 = 400m \times \dfrac{1km}{1000m}$

미터가 분자와 분모에 있으니 지우면, $\dfrac{400km}{1000} = 0.4km$가 됩니다.

★ (65쪽) 330피트를 미터로 어떻게 바꿀까요?

1피트는 0.3048미터와 같으니, $\dfrac{0.3048m}{1피트} = 1$입니다.

330피트에 1을 곱해도 330피트이니,

1 대신에 $\frac{0.3048m}{1피트}$ 를 넣어 보세요.

330피트×1=330피트×$\frac{0.3048m}{1피트}$

피트가 분자와 분모에 있으니 지우면,

330×0.3048m=100.584m가 됩니다.

★ (65쪽) 375피트를 미터로 어떻게 바꿀까요?

1피트는 0.3048미터와 같으니, $\frac{0.3048m}{1피트}$=1입니다.

375피트에 1을 곱해도 375피트이니, 1 대신에 $\frac{0.3048m}{1피트}$ 를 넣어 보세요.

375피트×1=375피트×$\frac{0.3048m}{1피트}$

피트가 분자와 분모에 있으니 지우면,

375×0.3048m=114.3m가 됩니다.

★ (73쪽) 30평을 제곱미터로 어떻게 바꿀까요?

1평은 3.31m²와 같으니, $\frac{3.31m^2}{1평}=1$입니다.

30평에 1을 곱해도 30평이니, 1 대신에 $\frac{3.31m^2}{1평}$를 넣어 보세요.

30평×1=30평×$\frac{3.31m^2}{1평}$

평이 분자와 분모에 있으니 지우면, $\frac{30 \times 3.31m^2}{1평}=99.3m^2$, 약 100m²

★ (103쪽) 100냥을 근으로 어떻게 바꿀까요?

1근은 16냥과 같으니, $\frac{1근}{16냥}=1$입니다.

100냥에 1을 곱해도 100냥이니, 1 대신에 $\frac{1근}{16냥}$를 넣어 보세요.

100냥×1=100냥×$\frac{1근}{16냥}$

냥이 분자와 분모에 있으니 지우면, $\frac{100근}{16}=6.25근$이 됩니다.

★ (106쪽) 청룡연월도 82근을 킬로그램으로 어떻게 바꿀까요?

1근은 248g과 같으니, $\dfrac{248g}{1근} = 1$입니다.

82근에 1을 곱해도 82근이니, 1 대신에 $\dfrac{248g}{1근}$ 를 넣어 보세요.

82근 × 1 = 82근 × $\dfrac{248g}{1근}$

근이 분자와 분모에 있으니 지우면,

82 × 248g = 20336g = 약 2만g = 약 20kg이 됩니다.

| 참고 자료 |

- 《고전 소설 속 역사 여행》, 신병주·노대환 지음, 돌베개, 2011년
- 과학동아, 2006년 12월, vol. 252
- 《구장산술 주비산경(동양수학의 고전)》, 차종천 옮김, 범양사출판부, 2000년
- 《내가 자란 서울》, 어효선 지음, 대원사, 1994년
- 《뉴턴 하이라이트 공룡연대기》, 계몽사, 1999년
- 《달력과 권력》, 이정모 지음, 부키, 2000년
- 동아일보, 1975년 6월 14일
- 동아일보, 1982년 11월 23일
- 《만물의 척도(The Measure of All Things)》, 캔 앨더(Ken Alder) 지음, 임재서 옮김, 사이언스북스, 2008년
- 《맹자》, 맹자 지음, 박경환 옮김, 홍익출판사, 2005년
- 《미터법 혁명(The Metric System – What in the world?)》, 제니퍼 팬델(Jennifer Fandel) 지음, 이상희 옮김, 에스오디커뮤니케이션, 2008년
- 《삼국유사(세계 문학 전집 166)》, 일연 지음, 김원중 옮김, 민음사, 2008년
- 《삼국지 인물 사전》, 고이데 후미히코 감수, 김준영 옮김, 들녘, 2000년
- 《세계사 100장면》, 박은봉 지음, 실천문학사, 1998년
- 《세종 시대의 과학》, 전상운 지음, 세종대왕기념사업회, 1986년
- 《속담 속에 숨은 과학》, 정창훈 지음, 봄나무, 2005년
- 《수학이 자꾸 수군수군 4. 측정(Desperate Measures)》, 샤르탄 포스키트

(Kjartan Poskitt) 지음, 오숙은 옮김, 주니어김영사, 2011년
- 《시간의 지도: 달력(Mapping Time-The Calendar and it's history)》, 리처즈(E. G. Richards) 지음, 이민아 옮김, 까치, 2003년
- 《열하일기 1》, 박지원 지음, 김혈조 옮김, 돌베개, 2009년
- 《옛사람들의 풍류(신윤복의 풍속화로 배우는)》, 최석조 지음, 아트북스, 2009년
- 《우리 겨레 수학 이야기》, 안소정 지음, 산하, 2005년
- 《이해하는 물리학 1(Understanding Physics)》, Karen Cummings 외 지음, 김중복·김진승 외 옮김, 홍릉과학출판사, 2010년
- 《재미있는 단위이야기》, 한국표준과학연구원, 2010년
- 《재미있는 수학여행 3. 기하의 세계》, 김용운·김용국 지음, 김영사, 1999년
- 《조선의 9급 관원들》, 김인호 지음, 너머북스, 2011년
- 《지혜로 지은 집, 한국 건축》, 김도경 지음, 현암사, 2011년
- 《청소년을 위한 한국 수학사》, 김용운·이소라 지음, 살림출판사, 2009년
- 《택리지》, 이중환 지음, 허경진 옮김, 서해문집, 2007년
- 《프랑스 혁명과 수학자들》, 다무라 사부로 지음, 손영수·성영곤 옮김, 전파과학사, 1991년
- 《한국 속담집》, 한국민속학회 엮음, 서문당, 2003년
- 《한국 수학사》, 김용운·김용국 지음, 한국학술정보, 2003년
- 《한국 중세 도량형제 연구》, 이종봉 지음, 혜안, 2001년